平台金融
新时代

吴晓灵 丁安华 等著

中信出版集团 | 北京

图书在版编目（CIP）数据

平台金融新时代 / 吴晓灵等著. -- 北京：中信出版社, 2021.10
ISBN 978-7-5217-3295-5

Ⅰ.①平… Ⅱ.①吴… Ⅲ.①金融监管－研究②金融－数据处理 Ⅳ.① F832.1 ② F830.41

中国版本图书馆 CIP 数据核字（2021）第 126789 号

平台金融新时代
著者： 吴晓灵　丁安华
出版发行：中信出版集团股份有限公司
（北京市朝阳区惠新东街甲 4 号富盛大厦 2 座　邮编　100029）
承印者： 北京楠萍印刷有限公司

开本：787mm×1092mm 1/16　　印张：20　　字数：220 千字
版次：2021 年 10 月第 1 版　　印次：2021 年 10 月第 1 次印刷
书号：ISBN 978-7-5217-3295-5
定价：69.00 元

版权所有·侵权必究
如有印刷、装订问题，本公司负责调换。
服务热线：400-600-8099
投稿邮箱：author@citicpub.com

目 录

推荐序 *005*
前　言 *013*
导　读 *017*

第一章　金融科技公司监管
　　金融与科技的融合　003
　　我国金融科技的演进路径及商业模式　008
　　金融科技的风险和数据治理问题　014
　　金融科技公司的监管框架　021
　　完善金融科技公司监管的建议　028

第二章　建立个人数据账户制度
　　个人数据账户的基本概念　045
　　个人数据账户的国际经验　048
　　个人数据账户的积极意义　050
　　个人数据账户的实现过程　052
　　个人数据账户的可携权边界　054
　　建立个人数据账户的建议　057

第三章　金融科技热点问题

从支付到理财的第三方支付发展路径　063

银行业小微贷业务模式变革历程　069

智能投顾服务与系统性风险　073

金融科技的伦理风险及社会责任　091

金融大数据共建共享　102

第四章　信贷领域的风险与法律问题

金融科技公司介入信贷领域的过程　109

金融科技公司介入信贷领域的风险　116

对金融科技公司的监管　137

个人数据财产权益归属　151

个人数据隐私保护　156

企业数据共享　167

信用风险评估模型中的算法监管　171

平台公司垄断　177

第五章　大数据在风控征信领域的应用

金融科技公司大数据发展概况　185

金融科技公司介入金融业务的节点和驱动力　193

金融科技公司大数据在风控与征信行业的应用　202

金融科技公司大数据在风控与征信行业健康
　发展的建议　228

第六章　金融科技公司国际监管的经验借鉴

金融科技公司的国际监管探索　237

对我国金融科技公司的监管建议　250

附　录

附录一　有关平台金融科技公司监管的问题　269

附录二　对于"G、B、C一体化"金融大数据专区试点建设的具体建议方案　283

后　记　291

推荐序

楼继伟

全国政协外事委员会主任

中华人民共和国财政部原部长

全球财富管理论坛理事长

时代背景

30多年来，全球经济社会逐步向信息化社会转型，而且呈跳跃式加速的态势。起点是20世纪80年代末互联网上线，以个人计算机、笔记本电脑为主要标志设备，通信技术为以太网，信息工具以搜索引擎、电子邮件为主。约20年后，4G（第四代移动信息系统）和智能手机开始普及，信息社会转型呈跳跃式加速发展，信息工具多样化、纷繁复杂，出现了社交、电商等线上服务，线上线下融合发展，信息化渗透到经济社会的方方面面、角角落落。技术支撑能力也实现了跨越式发展，服务器计算和存储能力提升了数亿倍，基于大数据的算法能力提升更是难以计量。目前的数字化转型，由内部效益和外部压力驱动，各行业都在发生，金融行业也不例外。

金融科技（FinTech）最早发生于美国，雏形诞生于20世纪90年代，在21世纪初得到快速发展。以股票投资为例，被动投资策略，或称指数化投资策略，是通过购买指数股和ETF（交易型开放式指数基金）获得贝塔。实际上，投资人并没有放弃价值主动投资，而是由一些基金管理人利用大数据和算法，辅助高效识别价值股获得阿尔法加贝塔，当然，投资人相应支付更高的费用。跟不上金融科技走势的基金管理人被逐步淘汰。截至2020年，被动投资市场占比已超过51%。被动投资者也离不开金融科技，基金管理人依靠大数据和算法，及时甚至提前投撤指数权重股或者调整ETF组合，以实现指数化投资甚至指数增强策略。与此同时，基于大数据和算法的量化高频交易策略兴起。为了减少几毫秒的时延，纽交所周边的办公室租金成倍上涨，用于加载支撑高频交易的数据库和服务器，并以最短距离接入交易所系统。金融科技还开始网联化，例如P2P（点对点网络借款）借贷模式产生，网络平台提供信息交易服务，为供贷和借贷双方提供点对点信息对接。还有大量的应用场景，此处不再赘言。

互联网加金融产生了一系列尚未大规模显现的现实问题。如数据主权的界定和应用权力的规制、反垄断及公共安全问题，以及如何在服务社会，特别是服务"长尾群体"，提升全社会金融福祉的背景下，防止"肥尾风险"和系统性风险。在这方面，美国是较早遇到问题、尝试解决问题的国家。记得2010年美国一个交易员的"胖手指"将m输成b，将百万美元级的指数关联产品卖出误操作为10亿美元级，结果道琼斯指数不到一小时暴跌1 000点。以往也发生过"胖手指"事件，损失的往往是单一股票，而这次高频量化策略占很大市场份额，策略算法的相似性具有"羊群特征"，造成了雪崩效应，以至于纽交所引入"熔断和喘息"机制加以应对。一些交易商也引入了数字化快速过滤关口，防止"胖手指"事件。这是早期金融科技引发系统性风险的例子。

但实际问题的出现总是发生在应对策略之前。金融科技的全社会甚至跨境数据平台化，出现了大量未曾遇到的场景，所以规制必须不断创新。金融科技、平台金融，起源于美国，进入欧洲后出现了与美国略有不同的发展场景。金融科技、平台金融在我国的发展大约有10年光景，发展迅速，极具中国特色，但其背后的逻辑与先行国家是相通的。

《平台金融新时代》一书的贡献

《平台金融新时代》以平台金融为重点，兼顾互联网产业的发展，分析其正向和负向效应，以及如何在规制下发挥好正向作用，并对负向效应做好监管。我认为至少有以下五点贡献。

第一，宽广的视野。以境内发展为主要视角，涉及境外发展的经验和教训，更多地从监管者的视角看问题，抓住了当前的重点。同时，立足于发展和规制相结合，政策建议着眼于通过规制和监管争取尽量将问题解决于严重化之前，推动平台金融行业健康发展。这是这本书的主要特点。

第二，客观分析了平台金融产生的必然性和上向效应。互联网平台介入金融服务，从支付开始，逐步拓展应用场景，包括介入贷款、存款、保险、财富管理等金融业务中的不同环节，将金融服务触角延伸到更细微的角落，极大地降低了对个人客户和小微企业的触达、运营和风险管理成本，有力地支持了实体经济的发展。同时，与传统金融机构的合作，也在推动其向金融科技方向转型。

第三，分析了平台金融发展可能产生的风险。首先，基础性问题是平台科技巨头的垄断问题。例如，电商平台巨头对小微电商的欺压、服务性平台大数据杀熟、平台巨头收购潜在对手强化垄断地位等。具体到平台金融巨头，书中指出了数据伦理、信用风险和引发系统性风险等问题。

第四，以很长的篇幅阐述了对金融科技公司的监管。包括共性问题，如对互联网平台和平台金融处理个人数据安全及算法伦理的规制办法，以及对后者可能产生的各类风险，特别是系统性风险的防范。书中细化到金融各个领域和各个环节，如支付、信贷、保险、理财等领域，以及征信、获客、事前风险识别、事中事后风险控制等环节，这是本书的亮点，值得细心品味。

第五，结合我国实际，借鉴国际经验，提出了有价值的政策建议。针对快速发生的向数字化社会的转变，特别是平台金融发展的实际问题，书中提出了创新监管方式的建议，具有前沿性、前瞻性。

总之，这本书侧重于监管，又力图将包容式发展和公共部门规制相结合，是我所见到的实际和学术结合最紧密的相关论述。

几点感想

我国是向数字化社会转变，并且金融科技、平台金融发展最快的国家，同时，平衡好发展与安全是最重要的前沿课题。在中央决定"去杠杆"、《关于规范金融机构资产管理业务的指导意见》（以下简称《资管新规》）出台之前的阶段，是金融科技发展最为无序的阶段，在此之后，逐步进入有序发展阶段，但不少具有中国特色的问题仍需认真对待。

第一，平台金融重点服务于传统金融机构难以顾及的"长尾客户"。正如书中所说，"这部分客群对金融产品潜在的风险理解不深，对风险定价不敏感，刚性兑付的信仰明显，容易出现'羊群效应'，极易受到虚假信息和不当舆论的煽动，引发重大社会事件"。这是"肥尾风险"效应。这种客户特性诱使经营者为了生存竞争纷纷推出高息刚兑产品，甚至被居心不良者利用，制造庞式融资骗局。我讲过，承诺6%以上刚兑产品的，基本上都是骗子。在《资管新规》出台后，严厉禁止高息刚兑产品。目前情况大有改观，配置型收益浮动产品已十分普遍，这说明，金融消费者的心态是可以改进的。

第二，民众特别是"长尾人群"，政府救助信仰十分明显。他们总有侥幸心理，即便看到风险，也认为自己不会是"击鼓传花"的最后一棒，就算在自己手中风险爆发，政府也会救助。甚至有些媒体也宣导这一执念。例如，Bailout（紧急救助）本意是指财政紧急援助陷入危机的企业，在我国却一直被译为"救市"。1998年香港联系汇率保卫战被渲染为"救市"。2008年美国金融危机，美国财政部和美联储联合出手，也被报道为"大救市"。实际上，公共部门对股票市场未投入一分钱，而只是救助陷入危机的系统重要性金融机构，因为它们一旦垮台，那将是美国经济社会的灾难。大致的做法是，美国财政部以累积可转优先股的方式投入企业，要求5%的优先股股息还享有部分普通股的权利，如限制高管薪酬、规制某些经营活动，以这种方式进入对这些企业的股票市值是有阶段性打压的。美联储将被救助的金融机构全部纳入可融资和受监管的范围，并以略高于恐慌性下跌的市值购入MBS（抵押支持债券），稳定预期。股市经过一段恐慌式下跌后，最终企稳回升。美国财政部资金全部收回，并有盈利，美联储的盈利更大，缴纳给财政部的利润就达1 300亿美元。在我国建立全体纳税人利益至上的理念还差得较远。

第三，规制和监管总是落后于风险的出现，问题在于，平时要加强规制，出现问题苗头要及早监管，将发展纳入正轨。这需要及时明确监管责任，但这在我国十分滞后。例如，P2P造成极大的肥尾风险，现在P2P已经清零，但尾部人群损失巨大。P2P在欧美也有一定的发展，定位是为点对点民间借贷提供信息撮合服务，如有标的分拆则视为证券，由SEC（美国证券交易委员会）监管。P2P进入我国后很快变味，从信息中介演变为征信服务、平台贷款、分拆标的融资，直至庞氏融资，酿成重大风险。在演变中后期，由于没有对产品的金融性质准确定位，已不可区分该由哪一监管机构负责。最后，各地方、各机构全力清零，一个可以正常发展、主要为长尾客户服务的行业也因此清零。保险行业的投连险、万能险在欧美国家也占有较大份额，发展比较正常，但进入我国后便迅速变味，成为刚性兑付筹款。有些机构利用混业经营缺乏监管的空隙，通过"资金池"加杠杆入股银行进行自融，获得大量资金用于激进投资，有的甚至转为庞氏产品。其中，监管不完善是主要原因。保险监管部门为了提升行业占比，一味放纵，监管变主管，直至发生重大风险，目前仍处于清理之中。影子银行是指在传统银行之外发放贷款的机构。在欧美国家，理财公司针对银行不关注的小微融资项目发行固定收益产品，正规的P2P也在其列，有引发系统性风险的问题，也有为小微企业服务的正面效果。我国的影子银行风险极高，例如，所谓P2P、银行理财主要是发行高息固定收益产品来应对地方隐性债务。更危险的是成为"银行的影子"，银行通过"通道""资金池"将资金和风险出表，但给全社会带来了重大风险。总体上看，我国因监管不完善，影子银行集聚了大量风险。目前，一些中小银行出险，整顿甚至救助是必要的，但要以最广大人民的根本利益为出发点，秉持纳税人利益至上的原则。

第四，一些地方政府政绩观发生偏差或不重视风险。例如，大城市、区域中心城市盲目发展金融中心，给予各种优惠，反而集聚了风险。我在财政部工作时，一些市长向我介绍本地发展战略，大都有成为全国或区域金融中心的内容。我一般都会告诫，不宜只看到资源集聚和税收效应，还要看到风险，而且你们监管责权不足，监管能力有限，非正规金融方式如P2P，非规范发展的投连险、万能险等过于聚集，一旦出险，第一责任人就是当地政府。数年后，有些地方果然出险，当地政府只能自食苦果。还如，因中央地方监管责任不清，一些地方政府发放平台金融机构执业牌照，但这类机构完全是跨域经营，早已脱离了当地监管范围。再如，有一些地方政府过分依赖举债搞建设，不规范的城投债、变味的"PPP"（政府和社会资本合作）越做越大，大量债务是高息刚兑产品，地方政府债务率高企。财政部多次发文规范，但作用不大，现在高层越来越重视，地方政府隐性举债的势头得到了遏制。

第五，在这种背景下讨论平台金融的发展和规制，需充分考虑国情，更加重视风险。例如平台公司对个人数据采集问题，我看到有些应用程序服务说明中大量篇幅是降低服务方的义务和风险，并要求用户同意对个人数据过分采集，相信长尾用户一般不会特别关注。正如书中所述，要加以规制。平台金融巨头助贷平台，利用大数据和算法，有画像准确、风险识别能力强、风险定价水平高的优势，可帮助中小银行获客以及做风险识别。但数据偏差和算法伦理偏差可能诱导过分消费，有意或无意地识别失败，如果服务的银行数目太多，助贷的规模达万亿元之巨，就会引发系统性风险。书中的监管建议实操性偏低。对于平台公司的助贷服务，我认为不能做单纯的风险识别和风险管控服务，要做联合贷款，即平台金融公司必须有一定比例的跟贷，比如10%，保持风险留存，并对可服务金融机构做出数量规制。平台金融具有垄断性，那就引入垄断竞争，通过有规制的竞争降低系统性风险。为解决监管滞后问题，这本书引入了监管沙盒的概念，学术性强、实操性不足。互联网平台的特点是各领域覆盖，平台金融即便介入某几个金融业务节点，也难以将其装入封闭盒子中试验各种运营方式，测试监管规制办法。实际上，我国金融领域出现的风险大量属于违背财政、金融原理的常识性问题，有的还认为华尔街可行中国就可行，没有引入并改进其监管做法，其实成熟金融市场国家的做法是总结经验教训的结果，我们宜重视借鉴。

党中央、国务院高度重视统筹发展和安全，"十四五"规划和2035年远景目标纲要列有专篇论述"统筹发展和安全　建设更高水平的平安中国"（第十五篇）。这本书贯彻了这一理念，在指出平台金融发挥积极作用的同时，大量研究集中于公共利益安全。纲要还列有专节论述"实施金融安全战略"（第五十三章第三节），鲜明地提出"健全金融风险预防、预警、处置、问责制度体系，落实监管责任和属地责任，对违法违规行为零容忍，守住不发生系统性风险的底线"，以及提出"防范化解影子银行风险""健全互联网金融监管长效机制""稳妥化解地方隐性债务，严惩逃废债行为"等具体任务。这本书体现了这一要求，通篇结合平台金融的特点，探索了合适的监管方法。

这是一本理论和实践相结合的好书，兹推荐给大家。我在推荐语中略有批评性的评价，是提示读者要更注重联系中国经济社会的特殊场景和机构运行的特点，这样会更受启发。

2021年8月31日

前　言

吴晓灵

当前我们正面临社会数字化转型发展的关键时期，大型平台科技公司在社会经济发展中的作用日益重要。信息技术的发展和平台经济的发展促进了社会分工的精细化，大型平台科技公司借助数据资源和算力算法的优势，从第三方支付切入了金融服务。这些平台金融科技公司介入传统金融业务的某些节点，开展了节点型金融业务，这是数字经济时代社会分工的结果。其优点是拓展了金融服务的范围，提升了金融服务的效率和客户的体验，促进了金融体系的数字化转型。但同时也带来了新的风险和挑战，如平台公司的垄断问题、个人隐私的保护问题、算法的歧视问题、介入金融业务后的便利性可能引发个人过度负债问题、信用风险问题和系统性金融风险问题等，这些都需要我们高度重视并加以研究。因此，我们针对平台金融科技公司监管问题进行了深入研究，形成了《平台金融新时代》一书。

我们认为，平台金融科技公司的节点型金融业务应根据其进入的金融业务链条的本质实施监管并持牌经营。我们应按业务流程拆分传统业务牌照，对平台金融科技公司实行分级牌照管理，实施一致性与差异化相结合的监管方式。可借鉴的案例是监管部门设立独立于银行的第三方支付牌照，对开展第三方支付业务的公司发放牌照加强监管。

对平台金融科技公司节点型金融业务的监管，除信用风险监管外，更应注重其数据治理的监管。即数据采集的合法性、个人隐私的保护、算法的伦理道德、数据的安全和技术的安全。我们认为，凡是与金融机构合作的数据公司，均应按合作的性质进行统一而有区别的金融监管，根据其介入金融业务的深浅程度，匹配相应强度的监管。有些要持有限牌照，有些可实行备案管理，有些则可通过合作的金融机构实行穿透式监管，不与金融机构合作的数据公司应按一般科技公司监管。

为适应数字经济的发展，平衡个人数据保护和数据资源挖掘，我们提出了探索建立个人数据账户制度的建议。数据是经济的重要资源，但数据的价值只有在运用中才能体现出来。我们建议平台公司为个人建立数据账户。通过个人数据账户，确保个人对数据收集的充分知情权，维护个人数据权利，提升数据收集环节的规范程度。同时在个人授权的前提下为数据需求方"堵旁门、开正门"，即在用户授权的前提下，第三方可有偿获得用户在数据收集方的个人数据。这体现了"我的数据我做主"的原则，同时还能促进数据协同环节的规范和发展。对于产生数据的平台，在确保数据脱敏并不可追溯的前提下，可对数据加工并进行交易。这体现了数据是个人与平台共有的属性。允许第三方经个人授权后，有偿访问个人数据账户并为客户提供增值服务，这体现了数据的公共资源属性。我们希望个人数据账户能为数据资源的协同开发运用建立良好的基础制度。

  人类社会的数字化大幕已经徐徐拉开，随着社会数字化转型，我们将面临更多的挑战，未来国与国之间的竞争也会更多地转向数字领域。希望我们的研究能抛砖引玉，引来更多的高质量研究，促进我国经济社会高质量发展。

2021 年 6 月 10 日

导 读

现代金融与数字技术不断融合，形成高度动态变化的金融科技市场。本书聚焦于金融科技公司（即新进入金融领域的科技公司）的监管问题和数据治理问题。

近几年的平台金融科技兴起于第三方支付业务，并逐步介入金融领域的不同环节，实质开展节点型金融业务。金融科技的发展具有积极的社会经济意义：弥补了传统金融供给的不足，提高了金融服务的便捷性，拓展了行为数据的运用领域，推动了整个金融体系的数字化转型。与此同时，金融科技带来了新的风险：首先是数据治理上的风险，包括垄断问题和算法伦理问题；其次是金融业务特有的信用风险问题和系统性风险问题。因此，应尽快建立我国的金融科技监管和数据治理体系。

金融科技的监管框架应该以包容性、稳定性、技术中性和消费者保护为目标。为实现上述监管目标，需要明确相应的监管原则。一是风险为本。技术风险应被视为一种独立的风险形式，并且要纳入宏观审慎监管范畴，根据系统重要性程度附加更高的数据治理要求和监管标准。二是技术中性。不因采用不同的技术而给予特殊的监管豁免。三是基于行为。主要聚焦于关联交易、不当竞争、投资者适当性、数据产权和隐私保护等行为,可以借鉴"审慎监管+行为监管"的双峰模式。四是探索功能监管与机构监管的有机结合,填补监管空白,防止监管套利。

本书针对金融科技的数据治理,提出了专门的监管原则:一是促进效率、维护公平;二是保护隐私;三是数据安全。

本书建议,进一步创新金融科技的监管方法。一是建立分级牌照体系,实施一致性与差异化相结合的监管方式。二是针对不当行为实施反垄断监管。重点针对滥用市场支配地位的行为,维护公平竞争的市场秩序。三是加强公司治理、企业文化和社会责任的引导和监督作用。推动平台金融业务采取独立法人的治理方式,经营主体要注册为独立法人并持牌经营。四是建设全国性的"监管大数据平台"。政府部门可以和平台企业联合建设大数据监管平台,推动监管工作向信息化、智能化方面发展。五是完善"监管沙盒"机制,解决监管滞后性。尽快建立区域性创新中心,加大"监管沙盒"试点推广力度,提高试点的效率和适应性,更好地监测参与试点金融科技产品的风险规模及商业可行性。

金融科技公司的数据合规治理是监管的重点,包括:针对数据收集阶段的过度采集问题,强调"最小必要"和隐私保护原则;针对数据处理阶段的算法歧视和过度开发问题,强化算法模型的合规监管;针对数据使用分享环节的征信问题,建设大数据共享平台,形成多层级、网状结构的个人征信体系等。为了保障客户数据安全,以及客户对数据的知情权、支配权和获益权,建议近期试点"个人数据账户"制度,远期探索"双层账户体系",平衡数据保护与挖掘。

在试点个人数据账户制度方面，建议从以下几个方面进行尝试：一是建立个人数据的标准体系；二是明确个人数据账户的采集原则，尊重数据主体的主观意愿；三是数据采集机构应向数据主体提供充分的数据账户管理和授权权限，即允许第三方数据需求方在获得客户明确授权后可有偿访问客户的个人数据账户；四是个人数据账户不可二次分享，以保护初始采集机构的利益；五是个人数据账户采用"商业主导＋政府分级监管"的管理模式。

在探索"双层账户体系"方面，政府管理部门和各互联网平台可以协同合作，为用户建立主账户—子账户的双层账户体系，主账户由用户的生物识别特征控制，存储加密后的主账户私钥；子账户由主账户控制，存储加密后的用户个人信息。主账户只有一个，子账户可以按照不同的场景分别建立。用户在各平台消费时，向平台授权对应的子账户里的个人信息，从而支持业务的完成。业务完成后，业务基础信息在其他互联网平台可见，原始业务平台可以保留业务的细节信息。主账户和子账户由长字符串标识和加密后的不可识别数据组成，从而实现业务数据和身份信息的分离，做好用户隐私保护，也有利于数据的协同共享。

第一章

金融科技公司监管

金融与科技的融合

金融发展史：一部与技术不断融合的历史

金融行业历来是先进技术应用的先行者，金融发展史本身就是一部与技术不断融合的历史。金融服务实体经济，通过撮合资金的供给与需求来实现，这一过程的核心是风险管理和风险定价，本质是风险相关信息的收集和处理。现代信息科技在金融领域的应用，可以分为电子化、互联网化和移动数字化三个阶段。

电子化阶段着重于信息技术的后台应用，即以现代通信和计算机技术为基础，汇总业务数据，实现办公电子化，提升业务处理效率。这一阶段的技术运用主要集中在后台支持部门，以实现管理、办公和运营的电子化与自动化。代表性应用包括办公系统、交易系统、账务系统、信贷系统等。

互联网化阶段聚焦于前台和渠道的线上化。金融机构利用互联网对接资产端—交易端—支付端—资金端，业务流程从线下迁移到线上。互联网化改变了前台业务的实现方式，实现了从销售到服务，再到资金收付的前、中、后台的信息共享、流程再造和业务融合。代表性应用如网上银行、互联网基金销售等。

移动数字化阶段强调业务前、中、后台全流程数字化和科技应用。金融机构利用移动互联、云计算、大数据、人工智能和区块链等前沿技术，通过端到端全流程的自动化、精细化和智能化改造，改变传统金融获客、客服、风控、营销、支付和清算等前、中、后台业务，提供更加精准高效的金融服务，降低交易成本，提升运营效率。代表性应用如大数据征信风控、智能投顾、风险定价、量化投资、移动支付等。

金融科技的定义和内涵

金融科技（FinTech）是通过新一代的信息技术，将数据、技术和金融联结起来，形成新的金融服务、组织和模式。全球金融稳定理事会（FSB）将金融科技定义为金融服务领域中以技术为基础的创新。这一创新可能会导致新的商业模式、新的应用场景、新的业务流程或新的产品出现，从而对金融市场、金融机构以及金融服务的提供产生重大影响。中国人民银行公布的《金融科技发展规划（2019—2021年）》中将金融科技定义为"技术驱动的金融创新"。

金融科技市场的参与者

数字科技和消费者行为的变化，正在快速改变着市场参与者的特性。这一变化要求金融监管做出相应的回应，以维护金融体系的完整和稳定。金融科技市场是一个高度动态的市场，参与者主要有四类：一是初创企业和新兴企业，二是平台科技巨头，三是传统金融机构，四是监管部门。

初创企业和新兴企业是指那些处于技术研发早期阶段的企业。典型的金融科技初创企业，致力于找出金融服务领域的"痛点"，即一些现有的解决方案做得不好或根本做不到的环节，继而寻求提供极致的技术补救措施，例如生物识别技术和大数据服务。初创企业的商业模式，一是直接向客户提供服务（To C），二是向现有的金融机构提供外包服务（To B）。

平台科技巨头是指新进入金融服务领域的大型互联网平台型科技企业。它们的初始业务领域可能是电商、社交、娱乐或电信行业，在业务发展过程中迅速积累了庞大的客户群体，并从这些特定的客户关系中囤积了大量的数据。在利益的驱动下，它们开始寻求利用这些数据为现有客户提供金融服务。平台科技巨头通过算法形成对客户的选择和偏好的认知，比传统的金融机构丰富细致得多。最初，科技巨头会向金融机构出售数据，或成为金融机构的销售渠道；之后，它们会倾向于自己提供金融服务，实现流量变现。此外，这些公司通常还作为传统金融机构的云服务或技术服务的提供商。

传统金融机构主要是指传统的持牌机构。在科技巨头的竞争压力和用户行为改变的双重推动下，它们不断运用新的技术以提升金融服务的效率，继而改善客户的体验。传统金融机构在业务驱动下，致力于以金融科技转型为方向，在人才队伍和技术研发上投入巨资，以适应金融科技市场的快速转变。在科技的应用上，传统金融机构这个群体的光谱很广，既有领先者，也有跟随者，还有落后者。

监管部门既是金融科技领域的监管者，也是参与者。监管部门在金融科技领域的基础设施建设方面具有不可推卸的责任，包括支付系统、征信系统和数字货币。监管科技（RegTech）将数字技术运用于合规监控和审慎监管，致力于实现金融监管的数字化和自动化，提高监管质量和效率。与此同时，监管部门在金融科技的创新过程中，还需要与其他市场参与者进行技术上的对话，所以监管部门必须具备金融科技的前沿知识和拥有一支能适应技术环境快速变化的专业队伍。

本书的研究范畴和重点

金融科技市场的参与者众多，本书的研究聚焦于新进入金融领域的互联网平台科技巨头。虽然缺乏严格的学术界定，但在大部分语境中，这些平台科技企业被简称为金融科技公司。从宏观审慎的角度来看，大型的平台金融科技公司具有系统重要性。正因如此，对平台金融科技的监管研究才非常必要和迫切。平台科技巨头究竟有没有介入金融服务领域，介入了哪些应该受到监管的金融活动，都需要给予明确的回答。否则，金融监管就无法发挥其作用。

金融服务涉及重大的公共利益，存在外部性和系统性风险，需要受到审慎监管。现实中，平台金融科技公司和传统金融机构的公司治理和合规文化差异巨大。前者强调创新，"法无禁止即可为"；后者强调合规，"法有规定才可为"。这种治理和文化的异质性，使得金融监管与科技创新的融合具有一定的矛盾，如何在技术创新与合规发展方面取得平衡，成为金融监管的难点，值得深入研究。

本书的研究重点包括：第一，分析我国平台金融科技的演进路径和商业模式，以及如何正确地看待金融科技创新的作用；第二，讨论平台金融科技的风险和数据治理问题，包括垄断问题、伦理问题、信用风险和系统性风险；第三，探讨平台金融科技公司监管的目标框架、基本原则，以及数据治理的特有原则和制度框架；第四，提出完善平台金融科技公司监管的建议，包括监管方法创新、数据监管的重点领域，以及探索建立个人数据账户制度。

我国金融科技的演进路径及商业模式

当今，全球的生产和消费正加速向线上迁移，数字经济出现了跳跃式发展，在国民经济中的重要性显著上升。我国数字经济发展的整体水平全球领先，大大地提升了经济运行的效率。随着数字经济的发展、社会数字化转型的加快和信息技术在金融领域的广泛运用，金融业务的节点式分工（即过去一项金融业务的全部流程都由一家金融机构独立完成，现在演化成为由多家实体协作完成，其中的金融科技公司开展了节点型金融业务）呈现加速细化的趋势。

平台科技企业，追溯其商业模式的起源，通常不是以金融服务起家的。它们主要从事电商、社交、媒体、娱乐或移动设备制造，在发展过程中逐渐积累了大量的用户群体和客户数据。由于传统金融机构对个人支付和小额支付工具的不完善，平台科技公司逐步介入金融服务领域。首先从支付开始，并借助支付拓展了应用场景，包括介入了贷款、存款、保险、财富管理等其他金融业务的不同环节。

平台金融的演进路径

第一阶段，为解决线上交易普遍存在的信任问题，平台经营者进入第三方支付领域。线上交易，由于交易双方时空分割而缺乏信任。货款通过网银直接支付给商户，客户会担心无法收到货物；而货到付款的话，商户又担心客户收货之后不付款。为了解决这种信任问题，平台科技公司推出"居间服务"模式，将购物款项预先支付到第三方账户作为交易保证金，支付完毕后商户发货，当客户确认收货后再将购物款支付给商家。第三方支付的创新大大地推动了线上经济活动的发展。

第二阶段，第三方支付嵌入更多的生活场景，如手机充值、水电缴费、机票购买、小额转账等，扩展支付服务范围，构建广泛的线上生活体系。通过场景拓展，实现海量的获客，强化客户黏性和提升长期活跃度；同时巨头平台科技公司网络效应凸显，逐步垄断网络空间的线上支付领域。这个阶段客户隐私保护意识不强，为了生活便利性，越来越多的客户向第三方支付公司提供了相对丰富的个人信息，从手机号到住址，从活动范围到个人偏好，巨头平台科技公司收集的个人数据越来越多。

第三阶段，建立个人支付账户体系。第三方支付公司通过快捷支付服务，打破银行账户管理的垄断地位，构建银行账户与支付账户并存的"二元账户体系"。在移动支付领域，逐步淡化银行账户概念，建立起事实上的、由第三方管理的超级账户体系，下挂客户银行卡，使用户的支付余额脱离了银行体系。与多家银行连接的局面使平台第三方支付机构成为事实上的独立于中央银行的清算机构。

第四阶段，线上线下全场景覆盖。第三方支付公司依托扫码支付的便捷性，从线上切入线下形成全场景覆盖，在移动支付市场逐渐占据支配地位。平台科技公司通过支付，逐步形成事实上的数据优势，场景拓展和流量变现的动力更强。

第五阶段，从小额支付扩展到大额交易，直至进入金融行业的多个领域。平台科技公司从小额交易的零售支付起步，快速扩展到大额转账、信用贷款、信用卡还款等业务，进而在平台开展基金、保险和证券的买卖服务及财富管理业务。

互联网平台科技公司通过申请设立或投资控股金融机构，多渠道获取金融牌照，形成实质上的金融控股架构，打造以支付为基础，以金融交易为核心，以社会财富管理为目标的金融王国。

金融科技公司介入金融业务，一方面对传统零售金融业务流程分工产生了冲击；另一方面，随着社会数字化转型、物联网的发展和数字货币的出现，数字世界、物理世界和人类社会不断融合，金融业务会逐渐内嵌于产业互联网中，进而对传统金融业务产生颠覆性的影响。

平台金融的商业模式

平台科技企业在支付领域取得的巨大成功，激励了科技巨头全面进入金融行业。这一进化过程背后的商业逻辑非常清晰。首先，平台企业拥有大量的用户，他们在平台网络空间上的购物、支付、浏览和社交等活动留下了丰富的数据资源；其次，凭借大数据、人工智能、机器学习等技术手段对客户进行画像，数据的颗粒度可达到极致程度；最后，在监管的宽容和支持下，介入客户的交易、信贷、理财、保险和投资领域，以满足客户多元化的金融服务需求，从而实现企业收入和利润的增长。

相对于传统金融机构，金融科技巨头的商业模式极具特点。从用户客群看，金融科技公司的客户基础源于电商和社交平台上的活跃用户。从信贷产品看，金融科技公司主要为平台上的中小商户提供小微贷款，为平台上的个人用户提供消费信贷。从业务流程看，金融科技公司通常采取与持牌金融机构分工合作的方式，专注于某项业务的某些环节，而这些环节具有鲜明的数据和算法特征，使金融科技公司得以构建技术上的强大优势。

正是由于这种独特的商业模式，社会上对金融科技公司形成两种流行的认知：一是金融科技公司做的是普惠金融的事情，具有不容挑战的正当性；二是金融科技公司本质上是科技企业，而不是金融企业。其实，这两种认知都有偏颇之处。

金融科技公司的用户客群和产品特征是平台经济自然演化的结果，与普惠金融没有必然的关系。事实上，从客群上看，平台科技巨头的几亿用户，已经远不仅长尾客户；从产品上看，金融科技公司的消费信贷规模远超小微贷款，并非普惠金融的原意；从历史上看，社会化分工的细化促进了生产力的发展，而科技进步正是推动社会化分工不断深化的动力。

随着新一代信息技术的广泛应用，以个性化、分散化、数据化为特征的新型生产组织方式，对传统的全流程"大工厂"生产组织方式形成了挑战。平台金融企业的一个显著特征，就是专注于金融业务链条中的某项节点式业务，例如数字化获客、产品销售渠道或大数据风控。平台金融的发展，正是数字科技驱动社会化分工不断深化的具体表现。

任何分工都必然与特定的协作方式相联系。平台科技公司从事节点式金融业务，本质上可以理解为平台科技公司将金融业务"反向外包"，即将重资产的业务环节外包给持牌金融机构，将轻资产的技术节点留在科技公司内部。此处的"反向"，是针对传统模式下金融机构将非核心业务外包给科技公司而言的。典型的例子，就是助贷和联合贷款。按照金融科技公司的表述，它们在这种信贷分工之中的角色是"信贷科技平台"，合作的银行机构是信贷资金的主要提供者。实际上是将涉及资金的环节反向外包出去，科技公司这样做的目的有如下三点：一是降低资本充足率的要求，二是规避传统金融监管，三是在资本市场上谋求更高的估值。

正确看待我国金融科技的发展

2020年以来，关于金融科技公司的质疑明显升温。我们比任何时候都要保持客观理性，正确看待我国金融科技的创新发展。

首先，从金融供给的角度看，金融科技有利于弥补传统金融服务的不足，将金融服务的触角延伸到更细微的角落，极大地降低了个人客户和小微企业的触达、营运和风险管理的成本，创设出大量具有商业前景的普惠服务模式，有力地支持了实体经济的发展。

其次，在数字经济和移动互联的背景下，我国金融服务的便捷性大大提高，金融科技在推动金融服务满足客户需求以及提升客户体验方面起到了引领作用。同时，金融科技公司运用行为数据，作为信用数据的替代，创新地服务于信用"白户"群体，为信用培养和征信普及贡献了力量。

最后，金融科技的创新为金融行业注入了"鲶鱼效应"，推动了整个金融体系的数字化转型。当前，我国的金融科技发展水平，特别是移动支付、消费信贷和互联网理财等领域，在全球范围内处于领先地位。

诚然，金融科技的发展也带来了一些新的风险因素，可能影响金融体系乃至宏观经济的稳定。我们需要正视问题，采取适当的宏观政策，平衡科技创新和金融稳定的关系。

金融科技的风险和数据治理问题

金融科技公司凭借大数据及算法优势介入金融业务，其面临的风险首先是数据治理方面的风险，包括垄断问题和算法伦理问题；其次是金融业务方面特有的信用风险问题和系统性风险问题。

平台科技巨头的垄断问题

数据作为一种新的生产要素，已经成为数字经济时代最重要的资源。数据若运用得当，将产生巨大的经济价值。这一点体现在两方面：一是减少信息不对称，降低交易成本；二是促进新商业模式的创新，催生生产和消费变革。与传统的生产要素不同，数据具有"非竞争性"，可以无限复制、重整组合、拓展应用，因此可以带来规模效应，促使边际收益递增，提高长期经济增长率。然而，在提升效率、促进创新的同时，数据治理问题也给各国带来了严峻的挑战。

平台型业务具有明显的规模效应和网络效应，数据市场也具有自然垄断的特征。当前，全球针对科技巨头的反垄断监管持续趋严，欧美等众多司法辖区频频发起针对平台型科技巨头的反垄断调查；我国政府强调"反垄断和防止资本无序扩张"，国内平台经济领域也出现了一些标志性的反垄断诉讼和反垄断执法调查。

平台反垄断监管有两个视角：一是市场结构；二是市场行为。从市场结构看，首先是要合理界定相关市场，进而判断平台经营者是否拥有市场支配性地位。从市场行为看，在于识别滥用市场支配性地位的行为。理解市场结构是判断市场行为的前提。但从全球反垄断的实践看，重点不在于市场结构，而在于市场行为。

由于金融业务涉及公众利益，各国均明确要求持牌经营。从市场结构角度看，对互联网金融相关市场的界定，以及对市场支配性地位的认定不构成反垄断监管的难题。反垄断的焦点，在于甄别和禁止滥用市场支配性地位的不当竞争行为。

从反垄断立法的角度看，平台科技企业的不当行为包括：一是与滥用市场支配性地位相关的价格行为，如价格欺诈、掠夺性定价、拒绝交易、限定交易、捆绑销售、差别待遇等；二是旨在排除或限制竞争的横向和纵向垄断协议，如价格串通、市场分割、算法合谋等；三是旨在消除竞争对手的经营者集中行为，如掠夺式的收购行为等。现实中，平台金融科技公司的一些行为，可能已经构成反垄断监管认定的不当行为，引起了社会各界的广泛关注。

平台金融科技公司的伦理问题

平台金融科技公司因服务对象涉及大量不特定的自然人，收集和处理大量行为数据，触及人的隐私和数据安全，因此引发了大量与人相关的社会伦理争议。

一是个人隐私保护问题。这既是社会伦理问题，也是大数据治理的核心关注点。金融科技公司在信息收集、处理和使用过程中都可能涉及个人隐私，需要引起高度重视。现实中，金融科技公司存在未经授权收集个人信息、过度收集个人信息、过度暴露以及侵犯个人隐私的倾向。很多人工智能系统，在深度学习过程中需要大量的数据来训练学习算法，如何保护个人隐私成为国内外普遍关注的问题。一方面，深度学习过程中使用敏感数据可能会对个人隐私造成伤害；另一方面，地下数据市场的频繁交易，给个人信息安全带来了巨大隐患。

二是过度负债与过度消费问题。普惠金融主要是为小微企业和农户的生产性融资需求提供支持，即"授人以渔"。但在具体实践中，金融科技公司的信贷业务，很多是面向低收入群体甚至是无收入群体，即"授人以鱼"。这就可能诱导过度负债、超前消费，典型例子如校园贷、现金贷，以普惠金融为名，存在未对客户进行充分评估，向实际收入低、还款能力弱，却又喜好通过借贷实现超前消费的群体提供信贷的现象，违反了适度负债、合理消费的金融价值观，导致过度负债、过度消费的问题，甚至可能诱发共债风险。特别是较高的利率给不具备还款能力的群体造成沉重的债务压力，形成巨大的债务陷阱，加上不规范甚至恶劣的催债行为，有可能不断加剧社会矛盾，引发社会争议。

三是算法权力与算法歧视问题。金融科技公司基于海量用户的替代数据（即银行等传统金融机构掌握用户的负债、还款履约等数据，这些数据是核心的金融相关数据；金融科技公司掌握用户的购物、出行、资讯阅读等行为数据，这些数据在满足一定条件时同样能够对用户的风险偏好进行刻画，因此把这些数据称为替代数据），通过大数据算法深度计算分析消费者的行为习惯、性格爱好、经济条件等，实现对消费者的精准画像，进而匹配符合其最大偏好和意愿的金融产品，达到"千人千面"的个性化服务。这在一定程度上满足了用户更深层次的金融需求，但同时也形成了一种新型权力形态——"算法权力"，即金融科技公司运用大数据算法引导甚至操纵用户的需求与决策。算法的"茧房效应"也可能误导客户或造成客户对平台的依赖。另外，金融科技公司的算法可能存在预设的偏见。人文社会中所关注的种族、性别、年龄、宗教等歧视问题，可能会被无意或有意地嵌入算法程序之中。算法本质上是以数学方式或者计算机代码表达的意见，用非人格的技术性手段承载了人文社会的价值观，设计者和开发者的偏见可能被嵌入算法系统，隐藏于算法黑箱之中。

平台金融科技公司的信用风险

根据发生的概率，金融机构的信用风险损失可以分为三个渐次递进的部分：一是预期损失，发生的概率最大，金融机构通过风险收益配比原则，内化于产品的定价之中，比如信贷产品中的利率；二是非预期损失，发生的概率较小，主要由金融机构计提拨备和资本金承担；三是极端损失，发生的概率极小，超出了金融机构个体的承受范围，风险外溢可能冲击金融稳定，需要由公共资金例如财政救助。

平台金融科技公司进入信贷市场后，如何改变风险分布曲线的形态，值得关注。理论上，金融科技公司的信贷风险与传统金融的信贷风险可能存在三点不同：一是风险分布的"肥尾"问题，平台公司主要服务尾部客户，可能导致风险分布的肥尾特征更加突出；二是风险变化的非线性特征，尾部客户的风险承担能力较弱，缺乏独立的风险判断能力，在平台逻辑或相关资讯的引导和影响下，可能具有更加明显的"羊群效应"，在经济环境发生非预期变化时，可能导致群体性社会事件；三是风险损失的补偿机制失衡，金融科技平台介入信贷市场的细分环节，风险损失的补偿和承担机制可能出现错配，特别是金融科技公司的资本不足可能导致风险过早外溢，将风险转嫁至公共部门。

目前，金融科技公司的消费信贷和小微贷款的不良率水平相对较低，有一定的误导成分。一是由于监管要求不同，消费信贷不良可以快速处置出表，不良率指标并不能观察信贷风险质量的全貌；二是短期内消费贷、小微贷规模迅速扩大，信贷质量模型还没有经历长周期的检验；三是由于"数据孤岛"现象的存在，共债风险隐患挥之不去。

平台金融科技公司的系统性风险

近年来，全球金融监管改革的重点聚焦于具有系统重要性的金融机构，防止出现"大而不能倒"的现象。金融体系的系统性风险，源于金融机构具有外部性，个别金融机构引发的危机可能会辐射整个金融系统，导致人们对金融机构产生信任危机，引发金融市场的不稳定，进而对实体经济造成严重的负面后果。

金融科技创新不断催生出新的商业模式、应用场景、业务流程以及金融产品，分工细化使得平台机构之间、平台与传统金融机构之间、金融机构与实体经济之间的联系更加紧密，各种风险因素很容易通过平台机构与其他市场参与者之间复杂的联系而快速传播，显著提升了系统性风险发生的可能性。

总体上，金融科技可能引发的系统性风险源于以下三个方面：一是平台企业本身已经成长为具有系统重要性的金融机构，例如在第三方支付领域和联合贷款领域；二是部分中小金融机构过度依赖平台企业的节点式技术服务，使得平台金融服务具有较强的风险扩散路径；三是金融科技公司本身严重依赖于数据和算法模型，当数据安全或算法错误时，也可能引发系统性金融风险。

可见，平台金融科技公司的系统性风险与其业务的节点特性和技术特征相关，既有来源于传统金融的风险，又有来源于技术领域的风险。此外，金融科技巨头服务的长尾客户群体数量庞大，单体金额较小，交易发生频率较高，期限相对较短，这部分客群对金融产品潜在的风险理解不深，对风险定价不敏感，刚性兑付的信仰明显。因此容易出现"羊群效应"，极易受到虚假信息和不当舆论的煽动，引发重大社会事件。这可能是金融科技公司系统性风险的特殊表现形式，需要引起重视。

从防范系统性风险角度来看，需要特别关注平台金融风险的跨市场、跨行业的产生机制和传播路径。金融科技公司的客群规模和商业模式特性，决定了平台机构的风险传导具有不同于传统金融机构的新特性，宏观审慎监管任重而道远。

金融科技公司的监管框架

由于金融科技的迅速发展，金融行业已经成为国民经济中数字化程度最高、数据量最大的行业之一。数字科技为金融行业带来的变化是结构性的，有正面影响，也有负面影响。虽然金融和技术一直相互影响，但近十年来的变化速度前所未有，是金融机构与人工智能、大数据、云计算技术以及平台科技巨头作为新进入者共同演进的结果。金融科技创新在促进竞争、丰富金融产品的多样性、提升金融服务质量的同时，也出现了一系列问题。在提供巨大潜力的同时，金融科技创新也对监管机构提出了挑战。金融监管需要确保这些金融科技创新对社会和经济产生积极的影响。

金融科技监管的目标和原则

从全球最佳实践来看，金融监管的目标是在以下四个方面寻求平衡：包容性、稳定性、合规发展和消费者保护。这一监管框架同样适用于金融科技监管，但是，金融科技赋予了这一目标框架新的内涵。具体而言，包容性要求推动普惠金融发展，即所有个人和企业都能获得负担得起、负责任和可持续的金融服务；稳定性要求加强宏观审慎监管，防范系统性风险，维护金融体系的稳健和平稳运行；合规发展要求对金融科技市场的新进入者，不因特定的技术而豁免监管要求；消费者保护要求保护个人隐私，维护客户的资金安全，免受信息欺诈、技术缺陷、算法歧视和网络攻击的伤害。

为实现上述监管目标，需要明确相应的监管原则，具体如下。

风险为本

风险为本（risk-based）的金融监管，是指按照《巴塞尔资本协议》要求，查明主要风险来源，并建立适当的监管框架。一般可以将金融机构的风险划分为信用风险、市场风险、操作风险、支付风险和法律风险等，现行的《巴塞尔资本协议》主要包含前三大风险的资本要求和监管标准。

不过，在《巴塞尔资本协议》框架中，与技术和数据有关的风险被包含在操作（运营）风险中，相关的资本要求较低，风险管理和合规成本相对较小。这一框架在金融科技发展的浪潮中受到了一些质疑。

随着金融科技和数字经济的转型，巴塞尔的风险识别方法不再能全面应对金融系统所面临的主要风险。一个逐渐达成的监管共识是——数据化的出现意味着技术风险，包括网络安全、数据安全以及与个人隐私有关的风险,应被视为一种独立的风险形式,超越传统的操作风险范畴。更重要的是,技术风险同时受到宏观审慎的特别关注,因为技术风险极易在机构内部和机构之间传染,直接影响金融体系的信心和稳定。

从技术风险角度看,对具有系统重要性的金融科技公司(包括金融科技银行)的监管要求不再是一般意义上的资本要求,而是需要根据技术风险的重要性,附加更高的数据治理要求和监管标准。

技术中性

技术中性(technology-neutral)被全球公认为互联网政策的一项重要共识,在金融科技监管上也得到广泛认可。所谓技术中性,是指技术本身并无善恶之分,监管机构应在技术上保持中立态度,不寻求监管技术创新,而是应该关注技术支持的、应该受到监管的金融流程和活动。例如,监管机构关注的并非自动化投资技术本身,而是技术可能导致的欺诈和建议不当可能导致的风险。

技术中性,意味着无论何种技术,都应该适用于相同的监管原则。在一个高度动态变化的市场中,监管者应允许金融科技公司自由地选择最适合的技术,不应试图挑选技术赢家,而是交给市场来决定。换言之,监管机构不应对标榜"技术创新"的金融科技公司放松对产品、流程和行为的监管尺度,反之亦然。

结合"风险为本"和"技术中性"原则,要求监管机构在制定和执行监管框架和规范时,以金融交易的本质和可能衍生的风险为基本考量,不因采用不同的技术而做出特殊的豁免。在实践中要求监管者在拥抱金融科技创新的同时，更应平衡好对消费者和投资者的保护。

基于行为

金融科技催生新业态、新产品和新模式不断涌现，金融消费纠纷持续增加，不规范甚至非法的经营行为层出不穷，威胁金融体系的安全。从全球方面来看，各主要国家都在积极探索和加强以法律合规和消费者保护为主的行为监管。基于行为（activity-based）的监管，其中的关键是关联交易、反垄断、投资者适当性、数据产权和个人隐私保护等问题。行为监管与审慎监管的专业要求不同，前者依靠大量的法律和执法专业人士，后者则以财务和风险管理专业背景为主。过去几年来，全球金融监管改革逐渐形成了"审慎监管+行为监管"的双峰模式，这对重塑我国金融科技监管架构具有借鉴意义。

功能监管

我国传统的监管模式是机构式监管（institutional regulation），即在分业经营框架下，监管部门对各自管辖的金融机构行使监管职权，包括市场准入、持续经营、风险管控、风险处置、市场退出等。至今，这套监管模式仍有实际的价值，也有提升和改善的空间。但是，在金融科技公司跨行业、跨市场的平台式发展背景下，机构监管模式明显不适应新形势的要求，这点已经成为市场共识。

改革方向是功能监管（functional regulation）与机构监管相结合，特别要重视功能监管。功能监管即根据金融活动的性质来进行监管，对相同功能、相同法律关系的金融产品按照相同的规则进行一致的监管，与所处机构无关。这一监管思路主要是为了消除潜在的套利风险。

金融科技公司的功能监管有几个值得关注的问题。一是金融科技介入的节点特征。科技公司通常专注于某项金融业务链条中的某些特定环节。功能监管应根据节点所在金融业务的性质，开展相应的监管。二是协调功能监管与机构监管，避免多头监管。金融科技公司介入多项金融业务的多项节点，对其监管需要有一个机构统筹推动和协调，国际上最常见的是中央银行。三是扩展监管部门的合作。相较于传统机构监管，金融科技的功能监管范围涉及支付、证券、保险和信贷等多个部门，包括地方和中央两个层级，甚至需要来自信息技术、网络安全、法律、工商等非金融监管部门的支持。因此，宏观经济管理部门内部的协调合作至关重要。建议扩大国务院金融稳定发展委员会的职责和组成，加入统筹协调金融科技、金融创新和数字经济发展及监管的内容。

平台金融科技公司数据治理的特有原则

考虑到平台金融科技公司面临的特有的数据治理风险，有必要针对金融科技的数据治理提出专门的监管原则。

一是促进效率，维护公平。考虑到数据非竞争性的巨大潜在价值，一方面，应尽可能地鼓励数据的广泛使用，保障公平竞争；另一方面，应该防范大型科技公司囤积数据、通过技术和资本优势挤压和收购潜在竞争者等不当行为。最激进的方式是推进数据开源，但强制数据共享可能导致出现"搭便车"现象，并抑制企业投资数据经济的积极性。因此，需要妥善平衡效率与公平的治理原则。

二是保护隐私。尽管加密技术的快速进化有助于解决部分隐私问题，但明确数据的所有权和使用权的归属，及其相应的交易机制仍是解决数据滥用问题的关键所在。监管机构应致力于推动数据市场的规范化、透明化，维护数据主体的正当权利。

三是数据安全。数据安全问题会降低公众信任，削弱分享意愿，不利于数据经济的长期健康发展，并可能引发金融风险。监管部门必须完善数据安全立法，提高全民数据安全意识，落实主体责任，进而提升企业投资网络安全建设的积极性。

平台金融科技公司数据治理的制度框架

反垄断

传统反垄断措施主要包括征税、反垄断诉讼和强制拆分。从2019年起，欧洲多国开始对互联网巨头课征数字服务税，打破了传统税收的属地原则。反垄断诉讼属于事后监管，目前全球最大的几家科技公司正在接受多起反垄断调查。随着平台科技公司的力量快速加强，拆分垄断巨头的呼声日益高涨，但由于数据经济的规模效应和网络效应，即使拆分巨头，也可能很快再度形成新的垄断。针对数据市场的这个特性，欧盟于2020年年末发布《数字市场法》草案，直接干预大型互联网平台企业运营，规定了判断和禁止不正当行为的统一规则，并提供了相应的执法机制，这一行为是反垄断法在数字领域的拓展和体现。

数据确权

构建数据权责框架的标志性措施是2018年欧盟颁布的《通用数据保护条例》。它将数据控制权赋予个人，确保数据处理基于个人自愿同意，个人拥有知情权、更正权、删除权、限制处理权和反对权。它帮助个人更好地权衡隐私和便利，并确保数据处理是出于合法、公平和透明的目的，被公认为全球对用户个人数据保护最严格的法律。同时，它要求企业通过加密和标记等手段，屏蔽敏感信息，实现数据匿名，保护数据隐私。不过，值得注意的是，过分强调公平和隐私会导致效率受损，严格的隐私控制很可能是欧洲在数字经济竞赛中落后于中美的重要原因。

数据安全

目前，防范数据安全隐患的法律包括欧盟发布的《数字服务法》草案和中国发布的《数据安全法》草案。欧盟的法案旨在打击网络非法和不安全行为、假冒商品及有害内容；中国的法案旨在建立数据安全制度，明确企业数据安全保护义务。

完善金融科技公司监管的建议

创新金融科技监管方法

由于市场参与者的变化,传统的金融机构监管正在向金融科技监管领域延伸。我国金融监管的主要原则之一是,要求所有的金融活动必须持牌经营。不过,持牌经营对于金融科技市场而言,需要注入新的含义。因为金融科技是一个高度动态变化的市场,不断地涌入新的进入者。金融认定门槛较低或准入门槛过高,都不利于金融创新。

建立分级牌照体系,实施一致性与差异化相结合的监管方式

从国际经验看,金融科技监管普遍遵循"相称性"原则,持牌经营要求主要聚焦于规模较大的平台型企业。大型的平台金融科技公司需要进行直接的牌照式监管。这是因为科技巨头具有明显的规模经济和网络效应，在公平竞争、数据隐私、网络安全和系统性风险方面带来重大的监管挑战。从相称性角度看，平台科技企业需要以不同于初创企业监管的方式来处理。特别是，平台科技公司能够控制的数据量庞大，涵盖了市场中的大部分人群，在提供金融服务时，其收费模式、销售渠道和产品创新的变化速度，通常在传统监管范围、技能和方法之外。

金融科技的初创企业通常资产规模小，多采取节点式分工外包的业务模式。大多数情况下，他们不可能获得某项金融服务的牌照。国际上的通行做法是通过持牌金融机构对向其提供外包服务的初创企业进行穿透监管，从而降低监管成本，提供监管的规模经济。

鉴于金融科技公司对金融业务的节点式介入，需要根据现有的分工状况，拆解现有的全牌照，构建分级牌照体系。建立分级牌照体系，是实施一致性与差异化监管的前提，在防范监管套利的同时，保持监管的针对性和灵活性。牌照可划分为全牌照和有限牌照，按金融科技公司实际从事的节点业务类型，颁发其相应的业务准入牌照。有限牌照，需要与全牌照或其他有限牌照相结合才能构成从事某项业务的完整资质。在涉及专业技能或面对公众的岗位时，需严格规范资质管理，约束从业人员的行为。

对节点式介入金融的平台金融科技公司，即使获取有限牌照，如不涉及资金收付，也不对资金收付形成实质影响，则不会面临信用风险。其风险主要来自数据治理和技术风险，监管方式应从传统信用业务的资本管理、流动性管理转向数据治理的数据安全、算法监管和技术风险防范。

针对不正当竞争行为实施反垄断监管

平台金融科技行业具有明显的规模效应和先发优势，容易形成自然垄断，需要通过鼓励公平竞争来打破垄断行为。反垄断监管的重点应该聚焦于滥用市场支配地位的行为，以维护公平竞争的市场秩序，保障企业有自由参与市场竞争的权利；制止以不正当的方式获取或维持垄断地位，进而排除或限制竞争的行为，以提高经济效率和消费者的社会福利。

2020年，我国颁布了《关于平台经济领域的反垄断指南》。其作为我国第一部专门针对平台经济领域的反垄断指南，为加强平台经济领域反垄断监管提供了科学有效的制度规则，有利于反垄断执法机构统一执法标准，提高执法透明度，有利于市场参与者深化对反垄断的理解和认识，有利于更好地评估平台金融业务模式的反垄断合规性。现实中，监管部门应关注平台金融科技公司可能滥用其垄断地位采取捆绑销售、不公平定价、拒绝交易、限制竞争等垄断行为，并对"烧钱补贴"等不正当竞争行为进行穿透式审查。

加强公司治理、企业文化和社会责任的引导和监督

公司治理的核心是控制权的制衡（check and balance），良好的公司治理要求构建一套指导和管理企业的制度安排，落实公司董事会和管理层的责任，保障投资人和消费者的权益，同时符合广大公众的利益。提升平台金融科技公司治理的关键在于：一是实现平台内部金融业务与非金融业务的适当分离；二是处理好创

始人与公司治理结构的关系,防止"一人说了算"的草莽企业文化;三是坚持正确的科技伦理,倡导健康可持续的金融价值观。为此,需要加强平台金融科技公司的公司治理、企业文化和社会责任的引导和监督。建议实施结构化的公司治理改革,推动平台金融业务从公司内部的部门式管理方式向独立的法人公司治理方式转变,要求科技平台从事金融业务的主体按照上述原则实行多级牌照管理,注册为独立法人并持牌经营,实现平台内部金融与非金融业务的适当分离,进而建立和完善相应的公司治理架构。在风险隔离的基础上,对从事信贷相关业务的机构落实金融业务主体的资本充足要求,对非金融业务主体不作强制性资本要求。

建设全国性的"监管大数据平台"

金融领域的数字化发展,也需要以监管数字化为依托,包括监管大数据的建设、监管规则的数字化和标准化,以及监管手段的数字化和智能化等。

平台企业本质是一个多边市场,数据资产能够增加平台企业的盈利能力和竞争能力,是平台企业最为核心的资产。有些平台企业愿意为积累自身数据资产,主动履行社会责任,以更好地维护平台秩序、留存用户,从而使企业履行社会责任和价值创造相融合,实现"责任即价值,治理即经营"的目的。从技术上来看,如果由政府部门来治理,则存在"有心无力"的问题;如果由平台企业来治理,则存在"有力无心"的问题。因此应当在公共治理的范式下完善平台经济的协同治理,即打破政府和企业原有的责任边界,由平台企业和政府部门组成多个治理主体,秉持统一的治理原则，确定具体治理内容，分工协作，共同治理。

　　为此，监管部门、网络安全部门（如国家互联网应急中心）等政府部门可以与平台企业合作，联合建设大数据监管平台，加快金融业综合统计和信息标准化立法，利用科技手段推动监管工作信息化、智能化。一是被监管机构的基础数据库和业务操作系统需预留监管接口，即监管部门与被监管对象均基于相同的基础数据库和日常操作系统。监管数据获取从"报送式"转为"提取式"，可考虑通过应用程序接口（API）等方式，直联金融科技公司的数据库，随时提取所需数据，提高监管的及时性和有效性。利用自然语言处理等技术提取和利用非结构化数据，增加非标准化数据（司法判决、新闻、年度报告等）的分析运用，加强穿透式监管。二是推动监管规则和监管行为的智能化转型。除利用监管科技手段采集、分析、处理、交互、报送相关数据，实现科技监管与传统金融监管的有效衔接和有益结合外，还可考虑在网络中设置监督、审批等特殊节点，通过设计监管算法等方式，将监管规则和监管行为智能化地纳入节点（机构）和行为（算法）的设计、运营中。三是运用AI（人工智能）技术前瞻性地研判风险情景，实时监督各类违法违规行为。利用网络分析、机器学习等技术，智能识别海量数字金融交易，及时管控各类违法违规行为。

　　在建设实施全国性监管大数据平台的过程中，平台企业需要改变过去效率为王的技术思维，主动配合监管，更加注重从风险监测和防控的角度来设计和实施；监管部门也需要尽快提高自身专业素养，并积极借助行业专业力量，多方协作，共同建设好大数据平台。

完善"监管沙盒"机制,解决监管滞后性

为了适应金融机构的数字化转型,特别是金融科技公司的快速发展,可考虑在监管机构内部设立高级别的首席科技官或首席数据官及配套支持部门。这将有助于监管部门在引进和吸纳最新金融科技方面尽可能地与市场保持同步,及时掌握并理解市场动态,感知市场潜在的风险积聚,建立健全监管机制,提前识别、防范和化解风险。此外,为提高监管的前瞻性、有效性,我国还可以考虑尽快建立区域性创新中心,加大"监管沙盒"试点推广力度,提高试点的效率和适应性,以更好地监测参与试点金融科技产品的风险规模及商业可行性。

平台金融科技公司数据合规监管的重点领域

从金融科技监管的角度看,金融数据的安全事关金融稳定,应予以格外重视。2018年,我国监管机构颁布了《银行业金融机构数据治理指引》,在推动银行业金融机构数据治理工作方面取得了积极的成效。这一指引同样适用于金融科技公司。不过,金融科技公司的数据治理有其特殊性。这种特殊性来源于其拥有的海量数据,以及数据驱动的商业模式。因此,金融科技公司的监管涉及一个特别重要的领域:数据合规与数据治理。

从全球角度看,金融科技公司的数据从何而来,如何使用数据,使用是否恰当,以及是否与其最初的使用意图一致等问题,

成为金融监管关注的重点。推动这一监管变革的原因是多方面的，例如发生了几起重大的数据和个人信息泄露事件，以及算法模型歧视事件频频发生等。

当前社会对金融科技公司的争议很多，讨论的焦点相对集中于数据采集、处理和使用三个环节，因此这三个环节应该成为监管关注的重点。

过度采集：导致出现隐私保护问题

在数据采集环节，数据合规监管侧重于防范金融科技公司对数据的过度采集，从而更好地保护个人隐私。

目前对个人信息的监管、保护和执法，散见于若干法律法规和国家标准中，对个人信息的日常监管和执法也涉及多个部门，包括网信办、公安部门、工信部和市场监管部门，负责标准制定和消费者权益保护等。我国的《银行业金融机构数据治理指引》要求金融机构依法合规采集数据，依法保护客户隐私。但是从金融科技监管的角度看，个人金融信息（隐私）的监管、保护和执法应该得到进一步加强。企业在个人数据采集上应遵循"最小必要"的原则，即意图明确、明示同意、最少够用。在移动互联的发展趋势下，个人信息的依法合规采集和监管，应该着重应对各类移动App（应用程序），加强对App收集个人信息的审查和隐私保护政策的审查。

数据加工：算法歧视和过度开发问题

在数据加工环节，数据合规监管侧重于防范金融科技公司的算法歧视和过度开发问题。

算法歧视来源于算法的设计和处理过程中被悄然嵌入偏见，也可能被复杂晦涩的计算过程迷惑。因此，金融监管需要介入，以保证算法的客观、公正、有效。目前，世界上一些主要国家对算法的监管原则，强调算法本身必须是可解释、可验证、透明和公平的。为此，主要国家的立法机构和监管机构均开始对算法进行监管立法，设立相应的工作机制。例如美国国会正在制定《算法问责法》，欧盟委员会发布《可信的人工智能道德准则》，英国信息专员办公室推出"人工智能审查框架"项目，新加坡个人信息保护委员会提出《人工智能监管框架范例》，均对算法的使用和监管原则提出了要求。

除了算法歧视之外，数据处理的过程还涉及数据采集的原始意图问题。现实中，数据驱动的平台科技公司不断开发数据的新算法，尝试将数据的商业价值最大化，超出了最初收集个人信息的原意。这违背了数据"专事专用"的原则，增加了滥用个人数据的风险。

金融科技公司的行为绝大部分是通过算法实现的。算法监管领域是一个明显的薄弱环节，亟待加强。为此，需要强化针对算法的行为监管，构建算法的合规审计；提高算法透明度，要求企业数据自动化决策系统可追溯与可验证，建立分级的监管体系；同时，将监管要求、社会伦理和反垄断审查等嵌入算法行为监管中。

数据使用：数据共享和征信体系建设问题

数据作为一种生产要素，本身是非竞争性的。非竞争性意味着每个单位的数据可以同时被其他投入要素使用，从而具备边际效用递增效应，推动经济可持续增长。在此意义上数据可以理解为一种准公共品。但数据的收集和使用也存在排他性，在追逐利润的动机下，企业存在囤积和独占消费者数据的倾向，导致数据市场的集中度不断提升，最终可能出现排斥竞争、赢家通吃的局面。这需要政府加以引导，平衡数据的非竞争性和排他性之间的矛盾，可从征信体系建设入手，推动金融科技公司的数据治理和共享使用。

我们应该积极推动大数据共享平台的建设。国际上提出了三种可供参考的数据共享方式：一是建立数据经纪市场；二是要求大型科技公司公开共享数据；三是由监管机构建立公共数据集。当前，国内一些地方在地方政府与金融机构部门的推动下建立了以政务信息为主的数据共享平台，建议在此基础上进行金融大数据专区试点，由政府引导，银行和市场主体参与，在用技术保障数据安全、"可用不可见"、"数据不出笼"的前提下推进政务、银行、企业和场景信息的收集，实现数据治理和数据共享。目前，可以以征信体系建设为基础推动信用信息共享。

数据的分享和流通可能重塑整个社会信用体系，市场参与者（个人和企业）可以更容易获得交易对象的丰富的数据信息，从而减少信息不对称，降低交易费用。在传统金融市场，当贷款人没有足够的关于借款人还款能力和还款意愿的信息时，他们往往会采取信贷配给策略，导致部分人被排除在信贷市场之外，而大数据为解决这一难题提供了方案。在此意义上，金融科技公司在数据收集、处理和使用上的技术优势，可以服务于更广泛的公共利益，特别是社会信用体系的建设。

传统的征信数据只涉及企业和个人的信用信息；而金融科技公司的数据，主要是基于平台业务场景的行为数据。它们将客户的行为数据替代传统的金融数据，通过算法技术构建自身的信用评估和风险模型，筛选出客户名单，再通过与金融机构的合作，推动我国的消费信贷和小微贷款取得长足的发展。

如何让金融科技公司的替代数据辅助征信，融入传统上以金融数据为主的个人征信体系，是当前的热点问题之一。争议的焦点在于两点。第一，金融科技公司申请个人征信牌照，是否违背征信的独立性。目前的大数据征信主要发生在平台科技企业内部，并服务于企业自身的金融业务，授予金融科技公司个人征信牌照，存在独立性丧失的担忧。第二，如何共享替代数据。原始的行为数据主要是一些非结构化数据，作为征信替代数据，在上报央行征信的接口上存在一定的技术困难问题。

在个人征信业务牌照的获取上，无论是将替代数据征信业务从金融科技公司剥离，改组成独立的征信机构，还是推动多个金融科技公司合资成立独立的征信公司，都可能破坏行为数据的收集、加工以及使用链条的完整性，也可能损害算法驱动下的大数据知识产权。建议对从事替代数据加工的金融科技公司发放有限牌照并作为独立法人纳入金融控股集团，对其采取与传统金融机构有区别的数据治理监管。对与金融服务无关的平台科技公司应视同一般科技企业监管。

我国的个人征信体系作为重要的金融基础设施，最终应该形成多层级的网状市场结构,而并非集中式的点状结构。第一层是央行征信系统;第二层是全牌照的市场化征信公司,数量在3~5家;第三层是专业化的持牌机构(有限牌照),例如信用卡、消费信贷、反欺诈等领域的专项数据服务公司;第四层是众多的数据服务公司或风险管理服务商,作为金融机构的外包服务提供者或作为全牌照个人征信机构的合作者,对此类数据公司应实行穿透式牌照管理。

试点个人数据账户制度

平台公司为用户提供增值服务和金融科技公司介入金融活动,其基础是依靠强大的算法和算力对用户在互联网上产生的数据进行深度学习和客户画像。在此过程中,客户获得了更好的体验和服务,平台获得了更多的商业利益,数据资源也得到了更好的运用。

怎样更好地保障客户数据的安全?如何体现客户对数据的知情权、支配权和获益权?建议探索建立"个人数据账户"制度,平衡数据保护与挖掘。

个人数据是客户在物理世界活动的镜像反映。平台公司将这些数据收集加工时,数据主体并不了解被收集了哪些信息,同时,此平台外的第三方公司想为客户提供增值服务也很难获取更多的相关信息。我们鼓励平台公司为客户建立个人数据账户,一是客户可以知道自己哪些方面的信息被收集了,从而方便客户主张自己的合法权益；二是为数据确权奠定基础；三是在客户明确授权后允许第三方获取客户的相关数据，从而促进数据流动，让数据发挥更大的社会效应。

现实中，个人数据账户的建立、迁移和分享可能会面临一些具体的问题，例如数据层次参差不齐、数据采集原则不明、数据分享不畅、数据账户管理模式不清等。为此，建议从以下几个方面进行尝试：一是建立个人数据的标准体系；二是明确个人数据账户的采集原则，尊重数据主体的主观意愿；三是数据采集机构应向数据主体提供充分的数据账户管理和授权权限；四是个人数据账户不可二次分享以保护初始采集机构的利益；五是个人数据账户采取"商业主导＋政府分级监管"的管理模式。

个人数据账户的建立过程如下。一是账户开立。政府为公民建立个人数字身份认证，在此基础上建立身份认证与业务数据分离的数据账户。二是数据流动。第三方（数据需求方）经客户明确授权后可访问为提供服务所需的个人数据账户。三是利益分配。单个数据不能产生价值，因此客户的利益由数据获取方以服务作为回报；数据需求方要向数据产生的平台支付协议费用。四是数据账户政策。政府应制定数据账户的基本标准并监督执行；政府通过减免数字税等方式，鼓励平台企业建立数据账户，鼓励平台企业允许第三方经客户授权后对数据账户进行访问；政府可以用金股的方式支持第三方建立个人数据账户，以此为第三方增信和维护社会公众利益。

探索双层账户体系

我们建议为用户建立主账户—子账户结构的双层账户体系。对每个用户而言，主账户只有一个，里面加密存储了用户的私钥，仅可以凭借用户的个人生物信息（指纹/虹膜/脸相/声波/基因等）予以解密，主账户的作用是管理和运用子账户。子账户可以有多个，建议按照应用场景类别分别设立，比如专用于电商购物的子账户（加密存储收货地址和电话），专用于叫车出行的子账户（加密存储家里地址和公司地址）等，每个子账户上记录的用户信息根据场景的不同而不同。这里的加密算法建议使用非对称加密算法，且只能自上而下地解密，即个人生物信息可以解密主账户的私钥，主账户的私钥可以解密任意子账户的相关信息，而反过来则不行。在具体平台应用的时候，用户通过验证生物信息证明其对主账户的控制权并获得私钥，利用私钥对特定子账户的信息进行解密，获得该信息的明文，并将对应的子账户里的明文信息出示给平台，平台获得这些信息后即可为用户提供相关服务。

双层账户体系可以有多种技术实现方案，假定以联盟链为底层技术基础设施来实施，则可以将政府管理部门设置为许可节点，将各互联网平台设置为业务节点，许可节点负责业务节点的准入和退出，以及为用户建立双层账户体系。业务节点负责向用户提供相关业务服务。业务服务完成后，该笔业务的基础信息在联盟链内全网可见，其他互联网平台不用任何申请即可看到这些信息。但业务的细节信息可以不用上链，由原始业务平台自身存储即可。所谓基础信息，就是完成这笔业务订单形成的结果信息（不包括用户个人信息），比如电商里的一笔购物记录（时间、购物者的电商子账户地址、商品、数量、单价、金额），出行里的一笔出行记录（时间、乘客的出行子账户地址、上车地点、下车地点、时长、金额）等；所谓细节信息，就是完成此次业务的过程信息，比如用户在最终下单前分别浏览了哪些其他商品，各浏览了多长时间等。无论哪种信息，其关联的都是用户的子账户地址，表现为一串随机码字符串，虽然该地址下挂有用户的相关个人信息，但由于是加密存储的，只能用用户账户的私钥来解密，因此不可见、不可读，可见和可读的只有上面说的业务结果信息。

双层账户体系的建立，能够彻底实现业务数据和身份数据的分离，由于业务数据中不包含用户隐私信息，因此也不存在泄露用户隐私的可能，这彻底解决了用户隐私保护的问题。由于和用户隐私无关，因此数据的协同共享不需要获得用户的同意，通过联盟链等底层技术，能够实现非常便利的数据协同共享，这是一个综合性解决方案。但这需要多部委、多平台的协同，可以作为一项较长远的目标。

金融是国民经济的血脉，是配置社会资源的龙头。金融科技的发展适应了社会经济数字化转型的趋势，平台科技公司介入金融业务为金融的普惠发展提供了技术基础，这是我们应该珍惜的。同时，金融科技公司面临的种种问题应在规范中解决。金融科技公司的行为数据收集涵盖面极广，做好对其数据收集、加工、使用的监管能为全社会的数据治理提供有益的参考和经验。只要不断完善法律法规，在提高监管执行力的同时，对金融创新继续秉承包容的态度，做好监管与市场的沟通，加强对金融科技公司的规则意识和责任担当的教育，依法保护产权，弘扬企业家精神，激发市场主体活力和社会创造力，金融创新就会行稳致远。金融与数字经济有天然的耦合，希望通过完善对金融科技的监管，让金融更好地服务经济的数字化转型，为提高民众的福祉做出应有的贡献。

第二章

建立个人数据账户制度

中央提出加快培育数据要素市场，要求进一步明确数据要素市场制度建设和改革任务。随着数字经济时代的到来，个人生成的数据呈几何式增长，金融科技公司基于丰富的场景、强大的算法和算力，对用户在平台上产生的数据进行深度学习和客户画像，进而为客户提供增值金融服务。在此过程中，客户获得了更好的体验和更便捷的服务，平台获得了更多的商业利益，数据资源也得到了更好的运用。

不过，在实践中，广泛存在数据资产权属不清、数据应用的方法和工具缺乏，以及数据交易和流转无序等问题，制约了数据价值的挖掘，以及个人数据权利的实现。怎样更好地保障客户数据的安全？如何体现客户对数据的知情权、支配权和获益权？建议探索建立"个人数据账户"制度，平衡数据保护与挖掘。

个人数据账户的基本概念

个人数据账户，是指个人（数据主体，也称用户或消费者）在各互联网平台上形成的各类数据的集中呈现，包含基本资料、消费记录、交易记录、出行记录、社交记录、浏览记录等行为数据，以及基于这些行为数据分析出的个人习惯、个人偏好、用户标签、用户画像等分析数据。个人数据账户制度，是指基于个人数据账户这一系统功能而向个人、数据收集方、数据需求方等当事方实施的一系列权利和义务的安排。主要包括用户对自身行为数据和分析数据的全面知情权，并基于全面知情权衍生出修正权、删除权、反对权、可携权、授权权等权利；数据收集方需确保用户各项权利的实现；数据需求方则可以在数据收集方处向用户提出数据协同申请，经用户授权同意后即可付费获得该用户在该平台的相关行为数据和分析数据等。为了在保证数据安全的基础上提升市场主体收集和协同数据的积极性，可以对数据收集和协同行为实行分级监管措施。对于收集和协同非敏感数据的，可以不对数据收集方设立准入门槛，仅在管理部门备案并公示即可（向政府和市场公开），理论上同一类型的行为数据，可以有多家市场主体同时收集。对于涉及个人生物数据、宗教信仰数据、金融数据等敏感数据的收集和协同，实行准入管理等监管措施。另外，数据需求方从数据收集方处协同索取数据时，一是要向数据收集方付费，二是不可再对外协同，即只有数据的原始收集方才能对外协同并收费。而数据原始收集方在政府部门的备案信息，就是数据需求方协同索取数据的"指南针"。

个人数据账户制度的建立，将有助于提高数据收集的规范程度，同时促进数据要素的协同共享，从而较好地实现数据作为新时代生产要素的价值。

如同货币账户是对个人的商品和金融资产交易的记录一样，广义的数据账户是对个人在物理世界活动的数字化记录或网上镜像（见图2.1）。数据要素需要有相应的管理工具对其进行登记和

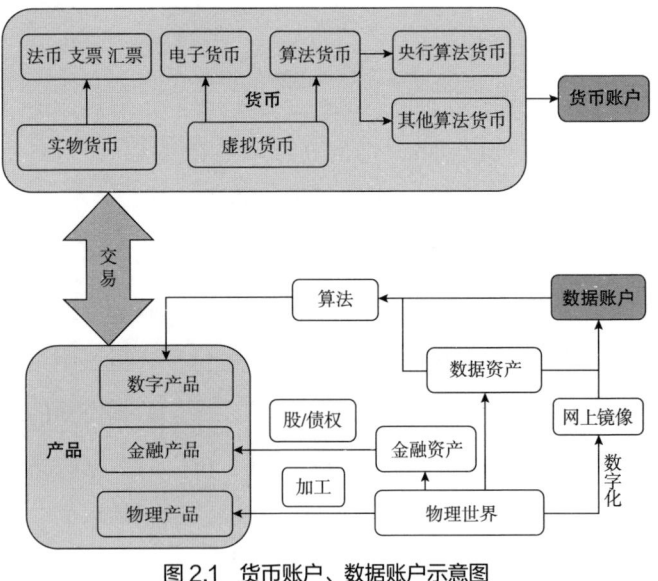

图 2.1 货币账户、数据账户示意图

归档，数据账户是实现数据要素管理的重要工具。

金融科技公司（包括金融科技银行）为客户建立数据账户，一方面为客户提供数据保护、数据管理服务；另一方面为数据流转和分享提供基础设施支持，具有重要的数据治理意义。

个人数据账户的国际经验

从国际上看，欧盟《通用数据保护条例》（GDPR）确定了数据的可流转性（可携权），这就赋予了个人作为数据主体访问和向第三方授权自己的"个人数据账户"的权利。为此，各大互联网平台公司在欧盟地区纷纷推出相应的"个人数据账户"服务，例如苹果、谷歌、推特和微软，以便让用户方便地访问、管理、下载、携带或者删除在服务器上保存的个人数据和信息，体现了"我的数据我做主"的精神。

但在具体实践中，大型科技公司在提供用户"个人数据账户"方面，有两种倾向：一是被动提供，即用户必须主动提出查询自身数据账户的诉求；二是烦琐哲学，用户提出需求后，平台公司会整理出一份事无巨细、包罗万象的数据包，动辄几个甚至几十个GB（千兆字节）容量，下载通常需要好几个小时，包含大量的垃圾无用数据。因此实际中，数据主体的可携权通常无法得到有效体现，第三方机构无法直接访问用户的数据账户。

本书提出的"个人数据账户"，作为数据治理的重要工具，希望突破这种局限。具体而言，有如下三个方面。第一，要求平台公司主动为客户建立个人数据账户并定期更新数据。第二，要求平台公司与客户商议，构建数据账户的主要内容和要素。对于金融科技公司而言，基本账户除行为数据外，还必须包括网络交易、线上购买、支付余额等要素。第三，构建数据市场交易机制，在保护隐私的前提下，允许获得用户授权后的第三方（数据需求方）有偿获取个人数据账户里的个人数据，从而促进数据的流转、分享和使用。

个人数据账户的积极意义

鼓励平台公司为客户建立个人数据账户，将产生以下几个方面的积极意义。

一是客户可以知道自己哪些方面的信息被收集，有利于数据确权。明晰的数据权属是数据隐私保护的关键，是保证数字经济健康发展的前提，也是构建数据财产权益法律制度的首要环节。个人数据账户的建立，可以作为数据主体行使同意、知情、修正、安全等权利的基础。这些权利是基于人权的人格权益归属，明确网络经营者收集、使用网络用户的个人信息必须经过用户的同意。个人可以选择数据的暴露程度、类别、用途，并有权对包含错误信息或用户隐私的数据进行更正或删除，以及撤销授权等。

二是有利于保护个人隐私。个人隐私只有在明确划定个人数据使用边界的情况下，才可以得到充分的保护。个人数据账户也是保护个人隐私的重要基础设施。

三是在客户明确授权后允许第三方获取个人数据账户中的用

户数据，促进数据流动，让数据发挥更大的社会效益，有助于个人用户共享大数据红利。大数据是由个体数据汇聚产生的，用户是大数据底层元素的提供者，金融科技公司则是大数据的加工者。大数据作为一种数据资产，其权益不能单方面归属于个人用户或者金融科技公司，而应该是双方共享。建立个人数据账户，个人用户拥有主张自己数据的权利，可以将账户作为载体，依据其个人数据的被使用量、时长、频次等，追索应得商业利益，共享大数据红利。

个人数据账户的实现过程

个人数据账户的实现过程，是以用户数字身份认证为基础，进而获取、管理并使用数据资产的一个过程。包括以下几个环节。

第一，账户开立。首先是个人数字身份的统一认证，将个人在平台上的登录名等账户信息，和公民统一数字身份进行关联。随后，后续的数据流动分享等环节涉及的数据，都是隐去用户账户和身份识别的数据，即实现身份数据和业务数据的分离，以降低数据协同共享环节因技术或入侵等带来的个人信息泄露风险。在此基础上建立个人数据账户，供账户持有人访问、查询、修改、备份以及携带。

第二，数据流动。第三方数据需求方经客户明确授权后可访问为提供服务所需的个人数据账户。

第三，利益分配。单个数据不能产生价值，因此客户的利益由数据需求方的服务作为回报；数据需求方要向数据产生的平台支付数据或接口使用费。

第四，数据账户政策。政府通过减免数字税的方式，鼓励平台允许经客户授权后的数据访问；政府可以用金股的方式支持第三方建立个人数据账户，即政府持有金股，不参与第三方平台的运作，但当发现公司行为有悖公众利益时可行使否决权。

个人数据账户的可携权边界

个人数据账户的争议，在于可携权的边界。个人作为数据主体具有充分的可携权，即有权访问、复制、携带和交易自己的数据，这点已经有足够的共识。争议在于个人数据的共享，例如第三方机构是否可以在数据主体授权的基础上访问个人数据账户。

现实中，个人数据账户的迁移和分享面临一系列的具体问题。

一是数据层次参差不齐。从数据内容看，个人的基本信息、资产、授信、负债、交易等标准化数据，可直接用于征信画像；而搜索、出行、浏览、社交等非结构性行为数据，需要进行更深度的分析才能挖掘出有价值的信息。从数据类型看，有不断变化的高频数据，也有变化缓慢的低频数据。从数据颗粒度看，不同平台采集的数据颗粒度也是不统一的。数据的层次参差不齐，必然会导致各种行为数据之间难以兼容，不同主体采集的数据不可比、不可叠加，有可能降低账户价值。这些问题都是建立个人数据账户要解决的技术难题。不过从目标导向来看，无论数据价值如何，都不影响数据主体对于个人数据账户的个人知情权、支配权等权利的行使，同时由于数据需求方自身存在价值判断逻辑，因此其只会申请对其业务场景有较高价值的数据，从而有利于市场对数据价值的发现，形成对下一阶段数据收集的正向指引。

二是用户数据采集原则尚无定论。个人行为数据反映了特定自然人的相关隐私，其采集范围受相关伦理和法律的约束。关于个人数据的采集原则，一方面应该尽可能全面、细致，才能更真实地反映情况，具有真正的价值；另一方面必然触碰到个人隐私问题。从个人主观意愿角度来看，一些涉及声誉、私密的信息，尤其是负面的隐私数据，是不愿意被记录、分析和对外分享的。从大数据分析角度看，缺少负面信息的个人数据必然是失真且无效的，这是数据采集的一个经典难题。从客观公平的角度来看，用户授权环节能够行使的是赋予权或不赋予权，即用户可以决定向第三方授予哪些种类数据的访问权，但用户不能决定在此类数据下，哪些数据条目授予，哪些不授予。因此用户在授权时自身需要有一个考量过程。

三是数据分享可能导致的"搭便车"及"劣币驱逐良币"现象。个人数据账户的分享，固然可以带来社会福利的改进，但也可能造成不公平现象。首先是引发"搭便车"问题。个人之所以向某个平台出让个人数据或信息，是因为他相信可以换取有更好体验的、更便捷的商品和服务，这在事实上是一种交易行为。如果第三方数据需求者可以跨过这一权利交易而获得另一平台企业通过服务创新而换取的数据资产，就会形成"搭便车"的现象，引发竞争的不公平。其次是可能导致"劣币驱逐良币"。既然差等生可以直接访问优等生手上的个人数据账户信息，那么通过大量投资和知识产权创新而获得的竞争优势就得不到鼓励和保护。因此在数据共享的过程中，应当允许数据的原始收集方向数据的需求方收取一定的费用，以保障数据的原始收集方的利益，激励更多的数据合规收集行为。

四是数据账户管理主体及安全隐患问题。采集用户数据的主体一般是平台类商业机构，由商业机构发起设立个人数据账户并承担管理职责是顺理成章的。但是，商业机构掌握个人数据账户可能存在保管不力、公信力不足的问题。政府固然具有较高的公信力，但是，要把个人行为数据从负责初始采集的商业机构向政府机构转移是一项浩大的工程，同时，政府的数据挖掘能力、创新动力远远不及商业机构，不利于个人数据账户的创新应用。因此，政府有责任对数据收集方提出基本要求，包括数据的合规收集、数据的安全保管等，并进行监督。

建立个人数据账户的建议

一是建立个人数据的标准体系。为了解决数据层次参差不齐的问题，个人数据账户首先要建立起一套完整的标准体系。首先，个人数据账户是基于对数据价值和数据泄露所产生的风险大小进行评估，进而对个人数据采取分级的管理办法。第一级是个人生物数据、财务金融等相关数据。其应用价值通常较高，且一旦泄露造成的危害也较高，隐私程度也较高，因此需要遵循审慎的原则，设定较高的保管要求，分享时平台方需要对此向用户做出特别提示。第二级是非金融的商业交易行为数据。第三级是出行、社交记录等数据，以此类推。其次，确定数据的分类标准，比如支付到底是属于金融行为还是非金融行为，发红包是属于支付行为还是社交行为等。最后，明确数据颗粒度标准。颗粒度越细则数据分析价值越大，但是隐私性也越强，所以颗粒度标准要在这两方面取得一定的平衡。另外，收集个人数据的平台方应当公示其数据的收集情况，包括数据种类、频率等，以方便数据需求方找到适合自己需求的数据来源。

二是明确个人数据账户的采集原则：尊重个体主观意愿。为了保护数据的真实可用性，强制性原则应该是数据采集的首要前提。但是，客观标准并不意味着事无巨细，毫无隐私，可以根据数据的重要程度进行划分。对于授信、履约情况等核心数据，必须全部记录采集；而对于浏览记录、购物记录等非核心数据则可以由个体决定是否记录采集。

三是商业机构应向用户提供充分的数据账户管理权限。商业机构在完成数据采集的同时，要为用户开发与之配套的查看和管理界面，尊重用户的权利，允许用户支配自己的数据并对外授权。开发的用户界面应具有以下功能。（1）信息披露。将用户的数据收集情况（包括种类、目的、频率等）、使用情况、对外授权情况、数据访问记录等在账户中展示，以帮助用户准确地掌握相关情况并进行核对。（2）允许用户导出个人数据，即用户拥有携带（实质不是带走，而是复制）数据的权利。个人可以从数据控制者处获得个人数据账户的副本，并有权无障碍地转移（实质是复制）至另一个数据控制者处。（3）对外授权，即用户可以查看哪些数据需求方向本人提出了数据申请，申请了何种数据，用途是什么，申请期限多长，本平台对此的提示是什么，等等，并基于这些信息做出同意授权或不予授权的决定。（4）管理，用户可以（申请）对错误记录的数据或包含个人隐私的数据进行更正或删除、（申请）撤销对数据需求方的授权、对超出使用范围的数据使用情况进行投诉等。

四是个人数据不可二次分享以保护初始采集机构的利益。数据需求方可以向数据账户管理机构提出申请，获取用户相关数据，但不得再次对外协同共享（包括数据需求方的关联方），更不得对外商业化销售。当其他公司需要同样的数据时，只能向原始的数据账户管理机构提出申请。这样设计的目的是进一步保护数据原始收集方的利益，促使和激励更多公司去进一步收集用户的数据。数据作为一项越来越重要的资产，应当鼓励发挥其价值，前提是数据的收集具有足够的利益激励。在无形之手的调控下，市场会形成数据协同成本和数据采集成本的相对均衡状态，从而实现数据的市场化合理定价。

五是个人数据账户采取"商业主导+政府分级监管"的管理模式。关于个人数据账户的管理主体问题，为了控制数据账户管理的成本、保证创新效率，建议由商业机构来主导个人数据账户的建设与运营管理。在此基础上，为了解决管理机构的公信力问题，有必要引入政府监管的机制。政府监管部门可以对数据账户管理机构制定准入和退出的标准，现阶段来看，实施分级牌照管理是一种较为稳妥的方式。即对于涉及金融、个人生物信息等核心数据，监管部门开展比较严格的准入管理，只有通过审批的企业才能取得全牌照，收集这些核心个人数据；对于购物、出行、资讯浏览等非核心数据，实行有限牌照管理，凡是符合基础性要求的企业，均可收集用户的这些数据，但要求必须在监管部门领取有限牌照。无论是全牌照还是有限牌照，均需要对个人数据收集情况进行公示。

第三章

金融科技热点问题

互联网金融是将互联网渠道、大数据、移动互联技术与金融业务相结合，通过云计算、大数据、人工智能等技术的应用，大幅提高运营效率，改变传统金融业务的作业模式，创造出不同以往的前沿金融业务形态。

在新型业务形态如火如荼的发展过程中，也衍生出隐私侵犯、数据滥用、业务恶性扩张等问题。回顾互联网金融的发展历程，探讨新业务形态的模式，有助于分析在新场景下，如何构建合乎科技伦理、承担相应社会责任的互联网金融生态。

从支付到理财的第三方支付发展路径

支付领域

以交易保证金为切入点,进入第三方支付领域

在网上商城发展初期,第三方商户与用户之间缺乏信任关系,客户担心购物款项通过银行网银直接支付后无法收到货物,商户担心货到付款模式下客户收货不付款。为了解决这种互不信任的矛盾关系,平台公司推出"居间服务",模仿信用证保证金的金融业务模式,推出具有第三方居间信用保障功能的担保交易,极大地促进了网络购物的发展。

嵌入日常生活场景,借助网络生活空间,第三方支付大力发展

随着互联网的快速发展,网络支付嵌入了百姓日常生活的场景，构建起便捷的足不出户的生活服务网络，用户生活习惯改变，对平台支付的依赖性越来越强。

第三方支付的产生和发展是一种创新的业务形态。根据人民银行的监管要求，各家支付机构满足申请人拟在全国范围内从事支付业务的，注册资本最低为1亿元；拟在省（自治区、直辖市）范围内从事支付业务的，注册资本最低为3 000万元。支付机构的实缴货币资本与客户备付金日均余额的比例不得低于10%。[①]支付机构最多可以直连五家银行。

为保护创新，在实际操作中对银行直连的约束并未严格限制，大多数支付机构通过与银行的商业合作，实现了大部分金融机构的直连覆盖，满足了我国居民银行卡线上支付使用的便利性。为了解决直连和交易信息关联等问题，网联公司成立，实现了支付机构"断直连"，彻底解决了保护创新与监管合规之间的不平衡问题。

快捷支付出现，银行体系淡化，超级账户体系成形

快捷支付的开通，使第三方支付公司摆脱了银行网银支付体系，客户在支付场景中也难以感受到银行的存在。通过快捷支付模式，支付公司构建起个人客户的超级账户体系，形成事实上由支付公司管理的中央小额支付账户。客户在这个超级账户下绑定银行卡，支付余额脱离银行体系，由支付公司为客户提供超级个人账户服务。

[①] 《非金融机构支付服务管理办法》（中国人民银行令〔2010〕第2号）。

为了保护客户利益，人民银行发布了《关于改进个人银行账户分类管理有关事项的通知》等银行卡新规，一方面通过个人银行账户的分类管理，有效地帮助客户防范账户信息泄露的风险；另一方面在反洗钱、反诈骗方面也起到了积极的作用。

扫码支付普及，线上线下支付全覆盖市场格局形成

随着4G（第四代移动信息系统）技术的发展，移动扫码支付体验得到极大的改善。移动支付的便捷性使其在线下迅速普及，银行卡POS（销售终端）机刷卡和现金支付业务范围迅速缩减，线下第三方支付得到广泛应用。

线下移动支付的普及，使得第三方支付公司对个人客户的数据收集更丰富、更完整，支付公司对客户隐私的掌握达到了前所未有的程度。利用头部公司的地位，第三方支付企业在掌握客户行为数据的完整性、丰富程度上远超过一般人的认知能力。

小额信贷领域

掌握商户销售和资金流水数据，切入商户信用贷款业务领域

传统的信贷模式为抵押担保贷款模式，这种模式不利于轻资产的服务业企业获得银行资金。金融科技公司抓住这类商户融资的痛点，通过为商户提供"进销存"全套解决方案，牢牢掌握商

户客户、商户销售、商户库存、商户进货等多端金融信息，基于金融信息切入商户信用贷款领域，为商户提供周转资金，支持商户发展。由于金融科技公司自有资金体量较小，利润有限，关于如何引入外部资金，增加利润，扩大营收，各家企业开始探索和尝试不同的模式。随后，P2P（点对点网络借款）的各种雏形开始涌现，吸引公众资金，搭建融资信息平台的做法逐渐成为金融科技公司打造金融信贷平台的重要手段。

P2P 模式打造股权众筹平台

随着越来越多的企业上市，部分金融科技公司借用"独角兽企业"的概念，在小微商户融资方面，开始尝试"股权融资"的模式，通过搭建股权融资信息平台，向公众推介优质企业。小微企业通过让渡部分股权的方式进行融资，筹措发展资金。这期间也发生了一些乱象，部分企业以"明股实债"的模式开展业务，监管部门很快通过采取相关措施对市场乱象进行治理。如今，市场在多方监管下有序地发展。

利用个人客户数据，顺势开展征信，介入个人信贷领域

部分金融科技公司根据掌握的个人客户资金数据、行为数据等进行个人征信计算，对个人发布个人信用分，通过信用分关联部分进行信用服务，如免押入住酒店等，形成信用服务循环。

借助个人征信数据，金融科技公司也开始通过小贷公司对个人客户发行信用卡产品、个人信用贷产品等。通过介入这类业务，

一方面，能有效提高金融科技公司的利润，扩展利润来源；另一方面，利用长尾理论，通过小额信贷模式，迅速扩大信贷客户群，培养客户超前消费的习惯。

理财领域

部分金融科技公司早期通过 P2P 模式，直接向用户发行信贷产品。随后,这种模式一方面因为大众对 P2P 信贷本身不信任，另一方面也因为吸引资金有限，且受到诸多监管约束，所以，金融科技公司开始和银行、资管机构合作，发行理财产品，推广信贷产品销售。

金融科技公司通过"联合贷"等模式，向银行等金融机构吸取资金，同时通过资产证券化发行 ABS 产品，滚动扩大资金规模，将各类不同风险的贷款，包装成固定收益的理财产品发行。这类理财产品当前存在三方面待解决的问题。

客户不能理解和评估理财产品的风险情况

绝大多数客户不具备底层资产穿透能力，对理财产品的底层资产风险无法正确评估。仅依据常识，将一些产品认定为固定收益类理财产品，通常存在对风险的错误理解和认知。

形成事实上的其他理财产品不可见

客户购买理财产品、获取相关信息是各类平台宣传内容以及渠道推广的结果。而金融科技公司作为产品发行方，更有动力推动自身产品销售，以获取更多的资金以及更高的利润。因此，其他金融机构的更符合客户诉求的理财产品往往在平台上隐藏很深，形成事实上的不可见。

形成事实上的金融机构风险评估外包

金融科技公司往往通过"劣后资金"的方式，降低金融机构对ABS产品的风险评估。但是，只有金融科技公司自身才知道ABS产品的实际风险，金融机构既无法获取客户的全量数据，也无法评估海量客户的实际风险。金融科技公司凭借其数据垄断地位，以承诺方式宣传其发行的产品风险情况，从而事实上使金融机构将产品风险评估外包给了金融科技公司。

以蚂蚁集团为例，Wind数据统计，截至2020年12月4日，2014年以来公告发行的ABS项目中处于存续期和发行期的项目按发行金额计总规模约8.161 5万亿元，其中，以小额贷款和消费性贷款作为基础资产的项目占比约8.35%，分别为小额贷款项目4 269.48亿元和消费性贷款项目2 546.57亿元，共计约6 816.05亿元。在上述小额贷款项目和消费性贷款项目中，重庆市蚂蚁小微小额贷款有限公司2 590.90亿元（占比约38.01%），重庆市蚂蚁商诚小额贷款有限公司1 494.50亿元（占比约21.93%）。

银行业小微贷业务模式变革历程

实物抵押模式转向供应链金融

为服务小微企业，解决传统"抵押、担保"模式下小微企业难以获得银行资金的难题，各家银行纷纷开始探索"供应链金融"服务模式。通过供应链金融，围绕核心企业，银行为整体产业上下游提供金融服务，极大地提高了银行为小微企业服务的能力，供应链金融成为银行业金融机构新的服务模式。

随后，银行的供应链金融服务核心开始转向关注各供应链利益相关方或参与主体的协同，即利用供应链上的信息流、物流和资金流，提升风控能力，防范操作风险以及扩大融资群体，优化整条供应链的结算和融资成本风控、操作、增信等，不再特别关注抵押物、资产规模以及担保人。

在供应链金融服务模式下，银行发展出最为常见的三类模式。

应收账款融资

服务于供应链下游，围绕以销售渠道为核心的供应链体系提供服务。因核心企业的货款结算周期较长，且很少支持预付款模式，供应商往往在赊销业务模式中形成多笔应收账款。当供应商企业资金短缺的时候，将应收账款转让或质押给银行，银行根据居于供应链核心的商超等企业情况，评估其信用保障、还款风险等，在风险可控的情况下，向供应商企业发放贷款。

预付款融资

服务于供应链上游，围绕以生产企业为核心的供应链体系提供服务。由于核心企业要求销售渠道必须预付或者部分预付才能采购货物，销售企业资金运营压力较大，因此银行根据企业生产和产品的情况，评估销售风险，由此向销售企业发放贷款，销售企业在银行监督下购买、销售以后，用销售款还款。

现货质押融资

可同时服务于供应链的上游和下游。当企业需要资金周转，同时企业有现货在手的时候，银行将根据货物的标准程度、监管和变现的难易度进行评估，而后接受企业货物质押，贷款给相应企业。

这三类常见的服务模式容易标准化，因此银行通过标准化的评估流程和服务模式，快速扩展小微企业的服务范围，为小微企业融资拓宽渠道，为支持实体经济发展注入动力。

信用贷模式出现，轻资产公司获得授信

由于轻资产公司难以通过"抵押、担保"模式获得银行资金，所以银行转变思路，通过信用评估模式，为轻资产公司发放信用贷款，助力企业发展。

企业信用贷款是一种无须抵押、无须担保、手续简便，通过设定企业成立年限、发票开票金额门槛以及提供企业财务报表等方式向银行申请的信用贷款。银行将企业信用与纳税、开票等数据信息关联，以此确定企业授信额度，并发放企业信用贷款。

企业信用贷款是银行类金融机构在数据联合运用方面的创新，扩展和整合社会可合法获取的数据，评估企业运营情况，为企业发展注入活力，成为银行类金融机构信贷转型的新方向。

银行理财通过另类投资为小微企业提供发展资金

银行理财产品的资产投向也开始面向小微企业发力，在银行理财产品另类投资方面，银行具有两方面优势。

可投资领域广泛，投资类型灵活

目前银行的另类投资涉及的领域非常广泛，且与国家实体经济的发展息息相关，既服务于国家的"一带一路"倡议、京津冀一体化、长江经济带、粤港澳大湾区、供给侧结构性改革、国有企业混改、经济结构转型等重大战略方针，也参与到市场化债转股、"支农支小"与精准扶贫，在清洁能源、棚户区改造、公租房建设等方面涉及国计民生的关键领域；同时银行还为科技型企业、战略性新兴产业等新经济领域发展提供资金支持。从投资类型来看，银行另类投资可通过多种途径和方式投资实体经济，如债权投资计划、股权投资计划、资产支持计划及其他创新方式。

银行理财的长期稳健投资有益于平衡社会与经济效益

银行通过发布长期的理财产品，坚持长期稳健价值投资的理念，追求长期稳定的收益率水平，更能注重社会效益和经济效益的平衡。

选择银行理财产品另类投资项目时，需要充分考虑实体经济转型发展的方向和新趋势，选择未来中长期发展前景良好的行业和领域，为相关行业和领域的企业发展提供新动能。

智能投顾服务与系统性风险

智能投顾业务现状

智能投顾体系的基本结构

"机器人顾问"对应于早期英文文献中 Robo-advisor 一词，是指使用计算机算法为客户提供财务建议，并进行投资组合管理的自动化在线服务，这类服务可被视为狭义的智能投顾。机器人技术（Robo-）和顾问（advisor）是智能投顾的一体两面——机器人技术代表不受人为影响的、利用数学算法生成投资决策的自动化过程；顾问则代表通过常规在线及移动端服务手段自动化提供的财富管理服务。

机器人顾问的实现可分为以下几步。

理解客户

传统的财富管理服务,在理解客户这一阶段,通常综合采用客户访谈、问卷、尽职调查等调研方法,对客户的年龄、职业、财务收支来源及水平、资产负债水平等多方面特征进行用户画像的分析,以明确其风险偏好、风险承受能力、未来流动性安排等财富管理需求和限制条件。这一阶段的目标是为客户定义一套合理、准确的投资政策声明(Investment Policy Statement),作为后续投资建议及投资管理的基线参考。

机器人顾问以标准化、自动化的方式在线执行上述工作,通常采用的方式是向客户发送带有预设答案的结构化在线问卷,包括风险偏好、资产、收入、债务和投资目标相关的问题,通过客户主观回答,并结合客户年龄、工作行业等客观数据,机器人顾问按照预设的评分规则生成一套评估得分结果,据此对客户进行分类。在这一步,客户的在线投资账户创建完成。

投资建议

在传统财富管理服务中,投资顾问基于事先确认的投资政策声明,为客户提供资产配置建议,进一步在账户资金分配、各账户项下的可选投资组合以及可投品种、产品等方面为客户提供综合的投资建议和推荐。

机器人顾问则使用计算机算法,根据客户提供的信息,在资产配置和多样化方面提供被认为合适的投资选择。但是,由于第一步根据收集、处理的信息生成的用户画像(需求端)和平台自身对接的资产大类、品种、产品所对应的可投资范围(供给侧)之间存在天然局限,机器人顾问所提供的投资建议定制化程度是十分有限的。

投资执行

机器人顾问可根据推荐的资产配置对客户的投资组合进行投资，客户通常可以修改推荐的资产配置。机器人还会持续管理客户的投资组合，提供的服务包括定期自动调整投资组合以维持所需的资产配置，以及对股息、赎回和利息支付进行再投资。某些机器人顾问还可以通过算法，合理规划应纳税投资组合，实现损失折抵，达到税收筹划的目标。在同等的资产配置、投资组合策略等方案的约束下，一个合格的机器人顾问在执行再平衡、再投资等任务中，相较人类而言，更及时、自律和理性。

智能投顾的五种形态，四个发展阶段

德勤在2016年的报告《财富管理领域机器人顾问业务的扩张》(*The Expansion of Robo-Advisory in Wealth Management*) 中，将机器人顾问划分出了五种形态，涵盖了四个发展阶段，事实上勾勒了广义的智能投顾服务业务（以下不再使用"机器人顾问"，统一使用"智能投顾"）。[1]

---

[1] Moulliet, Dominik, Julian Stolzenbach, Alexander Majonek, and Thomas Völker. The Expansion of Robo-Advisory in Wealth Management [EB/OL]. (2016-08) [2020-12]. https://www2.deloitte.com/content/dam/Deloitte/de/Documents/financial-services/Deloitte-Robo-safe.pdf.

智能投顾 1.0

客户在回答问卷后，会收到从"可投池"中抽取、构建的单一产品或投资组合配置的多项建议，可从中筛选合适的选项。大多数公司通过网络服务或智能手机应用程序进行运营，没有银行或经纪商数据接口来代为管理投资的实际执行工作。客户必须使用自己的账户购买并管理一个真正的基于产品的投资组合，还要对未来的投资组合进行调整。产品种类包括股票、债券、ETF（交易型开放式指数基金）和其他投资工具。

智能投顾 2.0

投资组合被创建为 FOF（基金中的基金），建立投资账户和直接执行交易是该服务的一部分。资产配置由专门的投资经理人工管理。问卷不仅用于筛选合适的产品，还用于将客户分配到几个预先定义的风险配置投资组合中。现实中的人类投资经理负责投资和调整客户的投资组合。该实现是半自动的，投资经理需要监督投资算法和定义规则集。

智能投顾 3.0

投资决策和投资组合的再平衡建议是基于预先定义的投资策略，整个投资策略的执行由算法驱动的程序自动化完成，最后的监督由专业基金经理执行。这一大类下的某些服务允许客户遵循或忽略系统建议的投资组合自主调整决策，以实现投资组合的个性化管理。

这一模式在美国市场相对常见，机构基于算法对客户进行分类，将客户匹配到预设的投资组合或策略中，通过程序自动化执行，定期进行再平衡调整。通过客户主动更新个人状况，调整其所属分类、组合以及策略匹配，从而执行自动化组合调整以满足更新后的目标要求。在该模式下，投资标的不局限于公募基金、ETF，机构也可能直接为客户买入股票或者债券标的，在美国市场上，此操作可能存在税务上的优势。

智能投顾4.0

复杂的风险管理和分析问卷使得基于人工智能投资算法直接进行系统化投资成为可能。该服务可根据不断变化的市场状况和个人投资需求（如利润、风险偏好和流动性方面）实现资金在不同资产类别间的转换，实时监控并针对单个客户进行投资组合调整，以匹配其所选择的投资策略。

混合式智能投顾

投资经理利用数字化服务进行投资组合再平衡或资产配置，是其在较短时间内优化咨询服务质量的最常见的一种模式。在过去的几年里，混合式智能投顾是比较常见的服务形态，传统的资产管理公司如贝莱德、先锋领航都会尝试购买或者自建一套所谓的智能投顾系统，将之前已有的传统投顾业务与智能投顾系统相结合，由投资顾问来判断客户的实际情况，利用智能投顾的自动化系统去执行为客户设计好的组合策略。从客户体验上看，依然是与真实的人类互动、沟通的真切之感。

根据德勤调研数据，目前德国、欧盟、英国和美国大约80%的智能投顾拥有3.0的服务能力，自动化服务提供的趋势在逐渐增加。值得一提的是，3.0服务根据智能投顾所选择的策略，可以灵活运用从低端到高端的广泛的技术选项。一些公司热衷于建立在特定投资理论基础上的固定投资策略，其他公司则选择在自动投资组合再平衡方案中纳入对市场走势和趋势的判断。

全球市场智能投顾业务[①]

美国的智能投顾业务发展历程

最早面向消费者的智能投顾公司是美国的 Wealthfront 和 Betterment，于 2008 年开始运营。

2017 年，美国富国银行（Wells Fargo）开始提供智能投顾服务，最低投资额为 1 万美元。这是一项混合服务，提供了与顾问交谈的可能性。它提供了 7 种不同的投资组合，收取 50 个基点的费用，包括投资费用比率和咨询费用。

2017 年，T.Rowe Price Associates 开始向智能投顾公司提供 ActivePlus 投资组合，反映出该公司对积极投资组合管理的重视。顾问只能选择 T.Rowe Price 基金。没有额外的投资管理费用。智能投顾服务适用于该项目管理的投资组合中至少有 5 万美元的客户。该计划只管理个人退休账户的资金，因此推测没有与交易相关的税收筹划。该项目提供了一个呼叫中心，参加者可以在那里与顾问进行交谈，也可以在网上与客户经理进行联系。客户可以通过登录一个网站，根据其所提供的个人信息，了解投资组合在股票和固定收益之间的配置会如何变化。

[①] Fisch, Jill E., Marion Labouré, and John A. Turner.The Emergence of the Robo-advisor[J/OL]. Wharton Pension Research Council Working Papers, 2019.

智能投顾是金融产品天然的分销渠道。因此，金融产品提供商也会购买或自建智能投顾业务，将其作为分销产品的一种方式。这种垂直整合是现有金融服务提供商与初创的智能投顾服务机构竞争的一种方式。

嘉信（Schwab）创立了嘉信智能投资组合，其投资组合主要由自己的专有产品组成。贝莱德（BlackRock）收购了FutureAdvisor，作为一个分销其ETF的平台。同样，景顺（Invesco）也收购了Jemstep来分销其ETF。Wisdom Tree对AdvisorEngine进行了大量投资，以分销其ETF。Northwestern Mutual收购了LearnVest，Interactive Brokers在线收购了Covestor。

相比之下，Betterment的首席执行官乔恩·斯坦表示，他更希望Betterment进行IPO（首次公开募股），而不是被一家大型投资管理公司收购，因为这将保持其在投资选择方面的独立性。

在过去的几年中，混合智能投顾成为智能投顾的一个重要发展趋势。随着多个智能投顾服务被托管、经纪等金融机构收购，独立开展智能投顾服务的机构正在逐步减少。先锋领航和嘉信理财等一些传统金融管理公司已将智能投顾纳入其业务模式，嘉信理财率先采用了这种混合方式。这一变化在加剧竞争的同时，也给智能投顾的使用增加了可信度。2018年，先锋领航的个人顾问服务收取了30个基点的费用，并要求账户金额至少为5万美元。嘉信智能咨询对最低25 000美元的账户收取了28个基点的费用。嘉信理财和先锋领航的服务都涉及与人类顾问的联系，所以它们都不是纯粹的智能投顾。

如今，混合式智能投顾的服务形态已经扩展到了最初开展智能投顾业务的公司。2017年，Betterment开设了一个呼叫中心，并开始提供三级服务。Betterment Digital 是典型的智能投顾服务，没有账户最低收费，成本为 25 个基点（与 Wealthfront 收取的费用相同）。Betterment Premium 要求最低余额为 10 万美元，并需支付 40 个基点，才能无限制地接触到"财务管理专业人员团队和持证金融专家"。寻求更多实际建议的客户可以使用 Betterment for Advisors 提供的专职财务顾问。这些变化旨在吸引较富有的客户，而不是那些通常使用基本的智能投顾方法的客户。2016 年和 2017 年，Betterment 管理的资产约有 1/3 由 50 岁及以上的投资者持有，他们的投资组合通常比年轻投资者的规模更大。

截至 2018 年年初，以资产管理规模衡量，美国（乃至全球）最大的智能投顾服务机构是先锋领航（1 010 亿美元），其次是嘉信理财（270 亿美元）。Betterment 管理的资产为 130 亿美元，Wealthfront 管理的资产为 100 亿美元。其他智能投顾还包括 Rebalance IRA、Acorns 和 SigFig。目前智能投顾业务市场还在继续扩大。值得注意的是，尽管智能投顾正在迅速增长，但它们仍然只控制着全球管理的 80 万亿美元资产的一小部分。

欧洲及其他地区的智能投顾业务情况

在欧洲，智能投顾是一个相对较新的概念。自 2014 年以来，欧洲提供智能投顾服务的机构数量显著增加，由智能投顾管理的资金也快速增长。由于立法和监管的限制，大多数欧洲智能投顾服务在国家层面（而非国际层面）运作。然而，Quirion 等公司在几个国家都有业务。2017 年 6 月，贝莱德入股了一家英德系数字投资管理公司 Scalable Capital。目前在加拿大运营的智能投顾机构有 12 家，法国 17 家，英国 20 家，瑞士 12 家，德国 31

家，意大利 5 家，中国 20 家，日本 14 家，新加坡 8 家，印度 19 家，澳大利亚 8 家。相比之下，美国有多达 200 家机构在向人们提供智能投顾服务。同时，智能投顾服务在南美很少见，仅有 3 家。

中国市场智能投顾业务

我国智能投顾市场从 2015 年到 2016 年开始起步，目前国内大部分提供智能投顾服务的平台可归入智能投顾 2.0 范畴，即通过 FOF 的形式利用人工或者一些预设的组合品类为客户提供持有若干公募基金的组合，并定期进行调整。

从金融服务行业的角度来看，国内机构主要将智能投顾服务定位成从属于销售渠道的附加服务，而不是独立开展的业务，其运作形式主要包括以下三类。

正式基于基金投顾牌照开展的智能投顾业务

该类业务由互联网金融平台基于基金投顾牌照提供，面向客户收取 0.5% 的管理费。目前的代表性服务如下。

蚂蚁集团—帮你投[1]。其实际服务由先锋领航提供，面向低、中低、中、中高、高风险偏好等不同类型客户，提供可供选择的预设投资策略，并根据客户选择的投资策略代客户执行投资及后续调整。从目前可选的策略来看，采用的仍是典型的股债配比。在具体的基金选择上面，权益类基金主要选择的是国内市场

---

[1] 详情见支付宝 App 帮你投。

上的股票指数基金，固定收益类基金主要选择的是标准化的指数利率债基金和低费用的信用债基金。

京东金融—南方基金智能投顾[1]。其实际服务由南方基金提供，其运作模式更接近于传统人工的投入，辅以自动化再平衡的过程。2019年10月24日，证监会下发《关于做好公开募集证券投资基金投资顾问业务试点工作的通知》。作为第一批基金投顾试点金融机构，南方基金在京东金融App上线了8个投顾组合，分别是南方月利宝（货币+策略）、南方双月宝（货币+策略）、南方绝对收益稳健型（固收+策略）、南方绝对收益平衡型（固收+策略）、南方股债配置策略平衡成长（股债平衡策略）、南方股债配置策略进取成长（股债平衡策略）、南方多因子股基成长精选（权益精选策略）、南方多因子策略股基蓝筹精选（权益精选策略）。

基于公募基金销售平台和银行代销平台提供的组合管理服务

即基于基金销售平台、银行代销平台，由公募基金公司分别提供公募基金的组合管理服务。各公募基金公司提供的可选组合主要是基于自己公司旗下的基金产品构建，提供不同策略的组合（低波、目标波动率、不同比例的股债或多资产配置），由负责组合管理、多资产、量化部门来执行。这些组合实质上是基金公司的销售工具，其标的选择过程及再平衡过程都有大量的主观判断嵌入其中而非自动化处理。

---

[1] "保姆级"投基体验来了！南方基金智能投顾上线京东金融App［EB/OL］.（2020-11）［2020-12］. http://finance.cai jing.com.cn/20201125/4717713. shtml.

银行自主开展的智能投顾业务

即在银行自有的服务平台上，由银行自主提供的智能投顾业务。最典型的例子有：招商银行的摩羯智投，在全市场范围内进行投资，与北美市场上的智能投顾有一定相似度；工商银行提供的 AI 投，其特色在于基于指数编制的公募基金组合配置方案，与中证指数公司合作编制中证工银财富基金指数，以国内所有公募基金作为样本空间编制，设计了一系列筛选、过滤、打分方法，构建基金指数作为投资组合跟踪目标，包含股票混合与混合配置两种策略，类似于 smart-beta，每季度再平衡一次。

智能投顾的关键技术应用

智能投顾旨在与客户进行数字化互动，既能收集客户信息，又能低成本地管理客户的投资。

通过自动化降低投顾业务成本

智能投顾在销售端发挥的最主要作用如下。

通过自动化的手段，节省在投资顾问业务初始阶段触达客户、了解客户基础信息的投入

理论上对于客户风险收益特征的判断应综合客户的主观反馈及客观数据得出。但是，目前市场上的智能投顾在通过自动化方式判别客户的风险收益特征的过程中，更多的是通过问卷等方式来进行，由用户主动提供信息，其最终判断依赖于客户的主观认知，因此，无法做到对客户进行细致的刻画与区分。基于现代化算法从不同维度上去描述用户，以及基于分类方法对用户进行分类、打分，以更好地识别、了解客户是目前市场上的智能投顾的研究方向。从这个角度看，大型互联网金融机构、银行业机构在客户数据的积累上有着先天性的竞争优势。

自动化生成可供客户选择的投资组合及策略

目前可见的通行做法是对预设的组合基于波动率与风险测算结果由低到高进行风险排序，按照客户风险收益特征的最终分类，对应匹配出可供客户选择的投资组合及策略。这一过程是对传统财富管理顾问业务的简化，实务中的预设组合往往是围绕股债配置策略展开的，从组合层面来看，可提供客户的选项极其有限，距离真正意义上的个性化配置尚远；从底层可投资产的品类来看，其投资范围也略显狭窄，不利于风险的分散。

真正意义上的个性化配置，需要基于广泛的可投品类，产品关联的行业、地区等特征，以及依据客户的详细刻画来实现。

品类上风险较低的如国债、存款，风险较高的如大宗商品、期货、贵金属及另类资产，应纳入资产配置的考量范围；依据客户职业，在标的关联的行业上，应做出相应的调整；投资标的应在全球市场范围内来选择；依据客户的现金流以及支出需求，可选择不同期限产品予以匹配。

通过计量模型模拟客户组合收益

智能投顾为客户提供组合的期望收益是其较为重要的特色能力。参考贝莱德披露的方法论[①]，其根据每个客户的输入生成预期的投资组合值，并将客户年龄、退休储蓄、风险承受能力和预期退休年龄考虑在内。基于历史数据对各投资标的、品类的收益率、波动率给出基本假设，通过运行蒙特卡洛模拟，在给定的置信度水平条件下，产出投资组合的预期价值和收益率，该模拟运行的最大投资期限为50年。在管理服务中，投资组合预测假设每季度重新调整至推荐的资产配置水平。

实务中，类似方案的结果多是有偏的，主要原因在于蒙特卡洛模拟强度不足（目前机构的模拟在几千次到几万次不等）、严重依赖正态分布（未能采用更接近于市场真实情况的收益率分布）假设等。

通过组合构建理论满足客户的风险收益需求

市面上的智能投顾服务大多宣称利用现代组合管理理论去创建、优化组合，从而得到一个较好的风险收益特征，以帮助客户实现经过风险调整后的收益最大化。从理论上来讲，这个过程是可以通过自动化手段实现的。但是，在可观察到的实务中，大部分的组合配置都难以摆脱主观判断的显著影响。主要基于两个原

---

① FutureAdvisor, BlackRock.Methodology & Assumptions [EB/OL]. [2020-12]. https://fa-public.s3.amazonaws.com/methodologies_and_assumptions.pdf.

因：首先，基于优化器产生的组合容易解出一些较为极端的配置方案；其次，从国内市场的情况来看，目前组合构造的可选标的数量有限。另外，除了上文提及的、由银行独立提供且相对中立的智能投顾服务以外，其他由特定机构，如公募基金公司等提供的组合，都会受到销售驱动的影响，配置的也大多是自己公司的产品。除了少量机构完整地披露了服务中所采用的方法论及组合构建、标的筛选过程外，大多数机构的智能投顾服务仍处于黑匣子状态。与此同时，"均值方差最优化组合"理论并非资产配置唯一的路径，目前市面上智能投顾对"风险平价组合"等理论的应用乏善可陈。

根据《风险投资组合如何影响智能投顾》的研究结果[1]，使用包含 53 个基于美国或德国的不同智能投顾提供的资产配置建议的截面数据样本发现，尽管样本中智能投顾成功地识别了投资者的风格，并为他们提供了不同的投资组合建议，使之符合金融法规，但是，即使对于相同类型的客户，不同机构所提供的资产配置也存在明显的差异，在股权和固定收益方面尤其如此。有趣的是，结果显示，保守型投资者在所有资产类别的推荐配置上都表现出了更显著的差异。

---

[1] Boreiko, Dmitri, and Francesca Massarotti. How Risk Profiles of Investors Affect Robo-Advised Portfolios [J/OL]. Frontiers in Artificial Intelligence, 2020.

智能投顾的风险与挑战

对投资大众而言，投资顾问的可获得性与质量高低一直存在着差距。智能投顾的出现提供了一种成本效益高、容易获得的财务指导形式。研究表明，在遵循典型的被动投资方式时，智能投顾往往会提供比较保守的建议。一方面，智能投顾在一定程度上替代了客户触达阶段的一对一人工服务；另一方面，智能投顾面向普罗大众多采用低成本的组合及策略。两方面相结合，逐步形成规模经济效应，从而为投资者降低投资成本提供了空间。

然而，对智能投顾持批评态度的人都想知道，在人们最常向投资顾问专家寻求指导的紧急时期会发生什么，为什么智能投顾会建议或采取它已经做过的交易行为。最后，让机器做这些决定可能会带来信任问题，包括担心智能投顾可能会推荐不恰当的投资品类或者投资组合。随着投资者投资组合的复杂性和规模的增长，智能投顾可能无法充分满足投资者的特殊偏好和需求，少数高净值客户可能对更多的资产类型，包括另类投资（例如风险投资、私募股权、对冲基金和房地产）、全球性股票与债券等有更多的定制化需求，将需要投资顾问团队，以及需要更多更专业的特定区域投资或理财专业知识，这些都不是现阶段智能投顾可以覆盖的。因此，智能投顾的发展也给市场带来了不容忽视的挑战。

是否能够有效地捕捉到客户的风险偏好与风险承受能力[1]

目前在智能投顾领域广泛应用的问卷模式,其有效性、可靠性有限。[2] 真正的财富管理业务,首先是基于对客户的全面了解,这个真正的了解过程不可或缺。在客户触达阶段,智能投顾很难完全替代人类顾问开展客户沟通。

将程序算法与人类顾问进行比较时,很难客观地衡量与人类合作的一些潜在价值。例如人类顾问可以帮助他们的客户克服有限的财务知识,理解和调整他们的风险厌恶水平,并容忍市场波动。目前,人们尚不清楚程序算法能否提供同等程度的服务,但这是正在进行的研究课题。作为研究结果,Betterment 公司发现,在市场低迷时期联系积极参与的客户会有所帮助。相比之下,联系那些不积极参与的客户可能会适得其反,因为有些客户并不关注股市波动。

还有证据表明,比起在线咨询,人们更倾向于向线下的人寻求投资建议。最近的一项退休信心调查显示,64% 的养老金参与者表示他们更喜欢来自独立财务顾问的建议,而只有 28% 的人更喜欢来自网上的财务建议(Greenwald et al., 2017)。

其实这个挑战的根本制约因素在于数据,因此把数据资产独立出来,建立第三方中立的数据服务机构,让数据平台化,合规合法地提供客户风险偏好和风险承受能力数据分析结果,会使智

---

[1] Fisch, Jill E., Marion Labouré, and John A. Turner. The Emergence of the Robo-advisor [J/OL]. Wharton Pension Research Council Working Papers, 2019.

[2] US Securities and Exchange Commission Division of Investment Management. IM Guidance Update No.2017-02 [J/OL]. 2017.

能投顾服务更精准、更贴近客户实际。

组合策略同质化加剧市场波动

如前文所述，由于机构对需求方、供给侧的了解同时存在局限性，市场上存在大量的类似于普通投资者适当性调查问卷的方式，用来区分出低、中低、中、中高、高风险偏好的客户，同时这些机构会向客户提供5~8个股债配置类投资策略供投资者选择。即使存在机构间的竞争，从市场的整体角度看，不同机构的不同组合在策略实质上也呈现出高度的同质化，并辅以不同程度的自动化执行，结果非常容易造成风险的过度集中，从而强化和加剧市场波动。

同样，要解决组合策略同质化问题，智能投顾行业需要引入更多的技术研发机构、更多的参与主体，才能形成市场竞争机制，出现丰富多样的投资组合模型，对第三方数据服务平台的利用效率才会更高，逐步平滑组合策略同质化造成的市场波动。

高门槛更容易形成市场高度集中

智能投顾业务的整体运作是一个复杂而精密的过程，需要在基础数据、客户触达、投资标的等方面有深厚的积累。现阶段，基于真正意义上的高度自动化的、无人工参与的完整流程以实现智能投顾是非常难的。即使是基于智能投顾配置出一个个性化的组合并对其进行全周期管理，目前也没有机构可以轻易完成。相反，高门槛也意味着在数据、客户等方面掌握资源的机构更容易构建智能投顾领域的护城河,并逐步形成明显的垄断优势。

把智能投顾完整流程进行专业化分工,是降低行业门槛、有效配置资源并规避集中风险的最好办法。首先,通过建立第三方数据服务平台使得数据资产"取之于民,用之于民",在合法合规的前提下,数据服务共建共享平台化;其次,通过诸多政策或措施引导,鼓励更多的技术研发主体进入智能投顾行业,形成一个良性竞争的市场氛围,丰富投资策略组合与金融科技技术;最后,销售平台也可以独立出来自成体系,以确保在组合配置上以全面、公允的视角为客户进行最优配置。如上所述,数据平台化,技术多样化,销售专业化,智能投顾的专业化分工与组合,在市场机制的有效配置下,让投资者自由选择,可以促进行业健康发展,在发展的进程中去不断解决问题。

金融科技的伦理风险及社会责任

大数据、人工智能、区块链等前沿科技不断更新迭代，以超乎寻常的速度、广度与深度提升了金融行业的服务水平和效率，极大地推动着人们生活方式的变革。然而，在带来极大便利的同时，技术"双刃剑"也会带来不可预见的风险，不断地挑战着我们的伦理和价值尺度。

在国际上，2011年前后，"负责任研究与创新"理念被欧盟委员会采纳成为其最大的科技资助计划——"地平线2020"计划的重要目标和贯穿性议题。此时，我们不再将新技术的伦理方面视作限制或约束。反之，我们将其视为技术发展的目标。这一尝试将以往被排除在科技创新决策过程之外的人文社会学者、普通公众纳入政策制定的过程中，通过参与和调解的方式，让各个利益相关方的想法和诉求得到考虑和采纳，在避免争议的观点极端化的前提下，经由充分磋商之后携手打造一个各方都可以接受的解决方案。

2019年7月24日，习近平总书记主持召开中央全面深化改革委员会第九次会议并发表重要讲话,会议审议通过了《国家科技伦理委员会组建方案》。会议指出,科技伦理是科技活动必须遵守的价值准则。组建国家科技伦理委员会,目的就是加强统筹规范和指导协调,推动构建覆盖全面、导向明确、规范有序、协调一致的科技伦理治理体系。要抓紧完善制度规范,健全治理机制,强化伦理监管,细化相关法律法规和伦理审查规则,规范各类科学研究活动。其后,科技伦理相关国家级重大项目立项数目和科研经费数额显著增长,数据共享与隐私保护、算法偏见与基因歧视等不仅是哲学家与伦理学家津津乐道的专业术语,而且逐渐成为各类媒体与公众所关注的公共话题。

大数据技术带来的伦理问题

金融科技公司以信息技术为基础,以网络技术为依托,重新构建了人类社会生产、分配和交换的模式。互联网通过简便、快捷的方式缩短了人与人之间的时空距离。互联网经济具有高扩张性,短期内就可以获取大量的客户基础信息和客户行为信息,同时又具有高渗透性,可以快速地跨越不同行业和产业。以阿里系为例,其十几年间就从 To B、To C 的商业活动覆盖到支付、微贷、银行、保险等金融业务、科技平台领域、大健康领域等,在此过程中积累了大量的客户信息并实现了跨领域的使用。

隐私过度采集与隐私利用、隐私泄露的问题

出于商业目的，金融科技公司热衷于收集、挖掘和使用客户信息。首先，我们的声音、表情和行动轨迹都被各种门户网站、各种移动设备实时地记录着，以至于我们在网络上的一举一动都在我们不知晓或未实质经我们允许的情况下被采集、存储。其次，各种组织通过数据挖掘技术对获取的庞大数据进行二次甚至数次整合利用，使本来毫不相关的、零散的信息碎片，还原出个人信息，暴露客户隐私。[①] 最后，基于这些客户信息给客户进行画像，开展信用评级，预测客户未来行为，推送产品、广告、新闻等。但是，这些主动暴露或被动留存的客户信息数据的所有权是否属于这些金融科技公司，相关公司是否具有留存客户行为信息的权利，是否具有挖掘甚至暴露客户隐私的权利，是否具备利用客户信息获取商业利益的权利，目前都存在道德规范的缺失，需要不断健全法律体系。

在大数据时代，人们面临的隐私暴露的威胁已经不仅局限于过去和现在已有隐私的泄露，还包括大数据对人们未来状态和行为预测得出的隐私泄露问题。如今，我们每天都要面对各种网络公司基于我们以往的兴趣、爱好、行为习惯而精心挑选的频繁跳出的推送广告和新闻，而这些被预测的信息会给商家、企业带来极高的商业价值。[②] 但是，对普通民众来说，被预测的信息则意味着消费、信贷、财富管理行为被诱导，社会舆论、政治决策被

---

① 宋吉鑫.大数据技术的伦理问题及治理研究［J］.沈阳工程学院学报（社会科学版），2018.
② 同上。

引导，原本的生活和社会秩序被改变。更进一步说，如果在隐私和预测方面对大数据管理不当，将会对社会经济和国家安全带来挑战。

非授权、非公允的大数据征信问题

目前存在一些金融科技公司以补贴、环保、提供便利等方式诱导用户，并向其提供个人征信服务信息的公共服务。但是，它们并非采取中立原则，而是倾向于为本公司利益服务。若信用评价和信用打分只是对本公司有利，只要用户买自己平台的东西就多给分，或安排其他便利等，用这种方式来吸引用户的征信服务势必会影响公正性以及征信行业的竞争秩序。

人民银行征信系统是由人民银行组织金融机构建立的全国集中统一的企业和个人征信及查询系统，是按照《征信业管理条例》由国家设立的金融信用信息基础数据库。而金融科技公司建立的征信平台缺乏公开透明机制，其公正性值得探讨，同时存在滥用数据谋取商业利益的行为，以及侵犯隐私和不公平性的问题；微贷服务中存在诱导不理性消费、超前消费的行为，一定程度上损害了正常的经济秩序，理论上可能造成社会不稳定因素出现并诱发类似美国次贷危机式的经济风险。

过去征信系统使用的都是结构化数据，但是，大数据的定义超越了传统的、主要基于处理结构化数据的数据库技术，其涉及大量非结构化数据，而这些以个人行为数据为代表的、非结构化数据的运用在多大程度上符合监管、道德尺度和价值尺度的标准还存在很多问题，非结构化数据的使用还没有形成相应的规范。

在小微贷的过程中，利用大数据进行信用评估以及利用人工智能产生规则进行业务判断，不仅可能构成对个人数据的滥用，还将出现判断上的错误。例如，个人消费行为数据可以作为信用评估的数据来源，而信用评估结果反过来又会对个人消费行为造成很多负面影响。一种情况是鼓励年轻人奢侈消费，奢侈品买得越多，钱花得越多，信用打分就越高；另一种情况是大学生贷款，在利益驱动下，逐渐演变成鼓励大学生过度消费，债务过度之后势必造成另一个社会问题——暴力催贷。金融科技公司通过之前收集到的个人信息，破解贷款人电话通讯录，委托第三方采取电话恐吓、上门催收或者打电话给贷款人朋友、家人等方式催贷，类似投诉高频集中在小微贷、学生贷款等领域。

数据垄断演变为数据独裁问题

在大数据时代，数据量的爆炸式增长导致做出判断和选择的难度陡增，迫使人们必须完全依赖数据的预测和结论才能做出最终的决策，换句话说就是让数据领导甚至统治我们，使人们彻底走向"唯数据主义"。以资产支持证券的销售为例，卖方在销售ABS产品的同时，向产品的买方低价格搭售相关分析系统，该系统对接所售ABS产品的底层资产数据。从买方视角看，这样的业务模式是有益的，不仅能够获得优质投资标的份额，同时在风险管理上获得了数据和系统服务的支撑。但是，从长期来看，该业务模式在事实上会将同时具有产品和系统优势的金融科技公司推向双重垄断地位。一方面，买方必然更愿意选择购买具有底层数据支撑的ABS产品；另一方面，买方在系统上也将持续、严重地依赖产品即系统的供给方。系统和产品供给的集中度越来越高，交易市场的同质化严重，分散度降低，风险集中度增加，数据独裁势必会增加整个市场的系统性风险。

在大数据时代，尽管智能机器对数据的挖掘和分析能力越来越强大，预测越来越精准，但是其对因果关系、复杂事务做出的预测和结论的可靠程度仍有待检验，并且不是任何领域都适用。要想通过数据来判断和得出结论，其中仍需要人类来扮演重要角色。因此，"唯数据主义"的绝对化必然导致数据独裁。在这种数据主导人们思维的情况下，人类思维将被"空心化"，进而导致创新意识的丧失，还可能使人们丧失了人的自主意识、反思和批判能力，最终沦为数据的奴隶。[1]

不正当竞争带来的数字鸿沟问题

"数字鸿沟"，又被称为"信息鸿沟""技术鸿沟"。在大数据时代，不同地区、不同组织和不同群体，由于对大数据技术创新成果和信息资源的收集、占有、使用机会不同，收益分配存在着较大的差异，最终导致"富者越富，穷者越穷"。所以数字鸿沟问题实际上是社会公平公正问题。

目前，数据已经成为一种重要的生产资料，是与能源、物产同等重要的资源，谁占有大数据，谁就能最大限度地占有海量数据中的潜在价值。例如，所谓的"大数据杀熟"即一些金融科技

---

[1] 宋吉鑫.大数据技术的伦理问题及治理研究［J］.沈阳工程学院学报（社会科学版），2018.

公司独占海量大数据资源，通过滥用大数据分析等技术手段，基于客户的消费记录、理财产品购买偏好等，设置不公平的推荐条件和交易条件，推荐对公司自身利益最大化的产品和服务，屏蔽对自身收益较少的产品和服务，从而侵犯客户的合法权益。然而，数据资源是一种公共资源，如何通过一系列措施防止其成为某些少数企业和组织进行垄断的工具，缩小不同地区、群体在大数据的获得、占有、使用过程中的权利和机会，从源头上消除在信息时代导致新贫富差距中的因素，将是解决"数字鸿沟"的题中之义。具体到执行层面，应该通过加强农村信息数字化"新基建"以缩小"数字鸿沟"并帮助微弱经济进行信用修复。

基于上述四个问题，可以发现一些金融科技公司本质上是披着金融科技外衣的借贷公司，主要业务是贷款，核心资产是数据而非科技。在具体的数据使用问题上，还需要深入思考一些问题。第一，数据是否可以在不同法律主体间交换。比如金融科技公司及与其有关联的电商平台之间。第二，数据获取最小化原则。过量获取不必要的数据是否会违反即将出台的《数据安全法》《个人信息保护法》。第三，数据受限使用的问题。采集的数据必须用于特定的、受限的目的，即使这些数据都是交易、支付所必需的。因此，金融科技公司通过数据对贷款能力进行分析是否存在数据伦理和法律风险，亟待思考和解决。

人工智能技术带来的伦理问题

人工智能的持续进步和广泛应用带来的好处是巨大的，但是，现在的人工智能界更多是工程师参与，缺乏哲学、伦理学、法学等其他社会学科的参与。① 为了让 AI 真正有益于人类社会，不能忽视 AI 背后的伦理问题。

算法歧视问题 ②

算法决策在很多时候其实就是一种预测，用过去的数据预测未来的趋势。其中，算法模型和数据输入决定着预测的结果，因此这两个要素成为算法歧视的主要来源。一方面，算法在本质上是以数学方式或者计算机代码表达的意见，包括其设计、目的、成功标准、数据使用等都是设计者、开发者的主观选择，设计者和开发者可能有意或无意地将自己的偏见嵌入算法系统；另一方面，数据的有效性、准确性，也会影响整个算法决策和预测的准确性。比如，数据是现实的反映，训练数据本身可能是歧视性的，用这样的数据训练出来的 AI 系统自然也会带上歧视的影子；

---

① 曹建峰. 智能时代的科技伦理思考[EB/OL]. (2017-11)[2020-12]. https://zhuanlan.zhihu.com/p/647624920.
② 曹建峰. 算法歧视：看不见的不正义[EB/OL]. (2017-11)[2020-12]. https://zhuanlan.zhihu.com/p/31078631.

再比如，数据可能是不正确、不完整或者过时的，带来所谓的"垃圾进，垃圾出"的现象；如果一个 AI 系统依赖多数人数据的学习，自然不能兼容少数族裔的利益。此外，算法歧视可能是具有自我学习和适应能力的算法在交互过程中习得的，AI 系统在与现实世界交互过程中，可能没法区别什么是歧视，什么不是歧视。更进一步，算法倾向于将歧视固化或者放大，使歧视自我长存于整个算法里面。算法决策是在用过去预测未来，而过去的歧视可能会在算法中得到巩固并在未来得到加强，错误输入形成错误输出，作为反馈，这进一步加深了错误。最终，算法决策不仅会将过去的歧视做法代码化，而且会创造自己的现实，形成一个"自我实现的歧视性反馈循环"。算法应用于信用评估会存在类似问题。归根到底，算法决策其实缺乏对未来的想象力，而人类社会的进步需要这样的想象力。

随着个性化推荐算法在互联网领域的广泛应用，人们开始担心推荐算法可能给用户带来网络过度使用、信息茧房、算法偏见等负面影响。再比如，限制用户对信息的自由选择，将用户置于算法建立起来的泡沫之中，只接触到自己喜欢或认同的内容，从而给用户造成自我封闭和偏见，进而影响用户的思维模式，并可能扭曲用户的认知，不利于用户的长远发展。

隐私暴露问题

数据已经成了 AI 时代的"新石油"，很多包括深度学习在内的 AI 系统，都是基于大数据的学习，需要使用大量的数据来训练学习算法。但是，这带来了新的隐私问题。一方面，如果在深度学习过程中使用大量的敏感数据，这些数据可能会在后续中被披露出去，对个人的隐私产生影响。因此，国外的 AI 研究人员提倡如何在深度学习过程中保护个人隐私。另一方面，考虑到各种服务之间需要大量地交易数据，数据流动频繁，数据成为新的流通物，这可能会削弱个人对其数据的控制和管理。当前已经有一些可以利用的工具在加强隐私保护，诸如经规划的隐私、默认的隐私、个人数据管理工具、匿名化、假名化、差别化隐私、决策矩阵等，都是在不断发展和完善的一些标准，值得在深度学习和 AI 产品设计中提倡。[①]

2019 年全国"两会"上，《政府工作报告》在要求"加大基础研究和应用基础研究支持力度，强化原始创新，加强关键核心技术攻关"的同时，提出"加强科研伦理和学风建设"，表明国家对前沿科技领域的伦理建设的高度重视。科技伦理也是人大代表和政协委员积极关注的话题，诸多建议案涉及大数据、人工智能等前沿技术的法律、伦理和社会问题。

科技伦理为科技创新及其应用划定了底线和边界，确保其向上向善的发展方向。而普惠金融是金融科技向善的核心价值。众所周知，传统金融服务受限于物理网点因素，难以覆盖为数众多的中低收入长尾人群，使得金融服务的广度和深度都难以突破，还变相催生了高利贷等不道德行为。然而，借助大数据、人工智能等前沿技术，持牌金融机构可以通过创新业务模式，提高技术水平和风控效率，降低成本，让利于客户，为长尾人群随时随地

---

① 曹建峰. 智能时代的科技伦理思考［EB/OL］.（2017-11）［2020-12］. https://zhuanlan.zhihu.com/p/64762492.

提供定制化的金融服务，让每个客户都能平等享受科技带来的便捷。特别是在新冠肺炎疫情期间，利用上述技术为受疫情影响的用户群体提供了更加精准和及时的无接触金融服务，帮助他们渡过了难关。

因此既要鼓励金融科技创新，又要关注科技伦理的风险。关注应用科技创新所带来的后果，开展相应的场景分析及压力测试，避免发生系统性风险；所有信息要公开透明，相关模型、知识可以被合理解释；一旦发生问题，行为可以被追溯、问责。在互联网发展20多年后的今天，科技创新的发展模式需要从获取用户注意力向促进用户数字福祉转变，落实到金融科技，一方面是人人都可享受到数字技术带来的便利和红利，另一方面是促进个人对数字技术和金融服务的高质量使用，减小甚至防止数字技术在个人金融服务中的负面影响。科技伦理最终是要实现数字信任，而信任是一切社会的基础，更是金融市场的基石，践行科技向善，让大数据、人工智能等前沿技术最大限度地造福于人类和人类社会，也是金融科技的责任与义务。

金融大数据共建共享

互联网金融时代一直流传着一句话："得账户者得天下。"深入分析后，会发现这句话的完整内涵是以账户为核心、以支付为手段、以数据为基础、以科技为驱动的全新金融基建模式。

通过第三方支付业务建立的超级账户体系，为科技巨头赢得了金融领域的入场券。借助线上、线下服务生态积累的海量数据，为科技巨头提供了撬动金融业态、向金融科技转型的资本。

网联清算有限公司的建立，从法理、制度、市场等角度出发，成功地解决了第三方支付机构交易数据不透明、资金流向不清晰等问题，实现了客户"备付金集中存管"制度的落地，兼顾了安全、公平和效率问题。

但同时，由于数据的产权界定暂未清晰、数据共享和交易的法律规范与流程不完备等，[1]金融行业在数据领域存在诸多现实问题亟待解决。第一，数据是否可以在不同法律主体间交换，比

---

[1] 河渊.数据法学[M].北京：北京大学出版社，2020.

如金融科技公司及与其有关联的电商平台之间。

第二，按照数据获取最小化原则，过量获取不必要的数据是否会违反即将出台的《数据安全法》《个人信息保护法》。

第三，根据数据受限使用原则，采集的数据必须用于特定的、受限的目的，即使这些数据都是交易、支付所必需的。因此金融科技公司通过这些数据对我们的贷款能力进行分析，可能有数据伦理和法律风险。

2020年3月，中共中央、国务院发布《关于构建更加完善的要素市场化配置体制机制的意见》，体现了党中央和国务院通过顶层设计的形式，将数据纳入国民经济生产要素的重要定位，并且提出推进政府数据开放共享、提升社会数据资源价值、加强数据资源整合和安全保护三大政策方向。

2020年2月13日，中国人民银行发布《个人金融信息保护技术规范》，规定"个人金融信息是指金融机构通过提供金融产品和服务或者其他渠道获取、加工和保存的个人信息，主要包括账户信息、鉴别信息、金融交易信息、个人身份信息、财产信息、借贷信息及其他反映特定个人某些情况的信息"。而关于金融机构的定义则明确为"金融业机构是指由国家金融管理部门监督管理的持牌金融机构，以及涉及个人金融信息处理的相关机构"。而金融科技公司，无论其是否有足够的牌照或者是否在实质上接受国家金融管理部门的监督管理，它们已经通过电子支付、借贷、资产管理、保险等积累了庞大的金融数据。

为了让"金融数据共享"构建于合法、公平的环境之中，真正发挥金融大数据的作用，造福社会，推动实体经济健康发展，避免出现如"隐私泄露""非授权使用""数据独裁""算法偏见"

等问题，建议对金融科技公司以及各金融机构的数据进行整合，合法、规范、中立地加以利用。

2020年11月，香港金管局总裁在香港金融科技周上表示，香港银行业将构建"商业数据通"，作为全新金融基建，让数据所有者可以按其意愿将自己的"数码足迹"与金融机构分享，银行与数据提供者只需统一对接"商业数据通"即可安全有效地共享数据，脱离烦琐的"一对一"形式。金融机构和数据提供者连接本身的系统到"商业数据通"后，企业能授权自己的服务提供者（如公用事业机构、电信服务、航运、贸易、保险、支付公司等）通过这个平台向银行提供有关数据。获得企业的同意后，银行就能有效率地直接获取企业的数据，从而为客户提供更合适的服务，或进行更精确和客观的信贷评估。"商业数据通"将恪守一个重要原则：必须获得客户的同意及保障数据的安全。因此，该平台会有严谨的管治机制以保障客户的隐私。[1]

作为生产要素的数据，理论上被认为兼具非竞争性和非排他性，然而，在现实中却形成了事实上的排他局面。

科技巨头向作为数据主体的个人和机构提供特定的"免费"服务，以达到收集数据的目的，成为数据的实际控制者。在此过程中，从合约角度来看，不存在针对数据的排他条款。但是，从结果来看，通过互联网服务生态的运营，个人消费者、个人或机构贷款者，以及商户因受到便利、习惯等诸多因素的影响，实际上表现出为了减少交易成本而不再更换平台的行为模式，客观上

---

[1] 范子萌.香港金管局余伟文：构建"商业数据通" 香港金融基建发展迎来新突破.［EB/OL］.（2020-11）［2020-12］. https://news.cnstock.com/news，jg-202011-4612225.htm.

为科技巨头将更广泛、更精准、更细颗粒度的数据作为生产要素投入业务中，继而取得高于其他机构的红利提供了条件。

"商业数据通"带给我们很多启发，结合当前实际，在金融大数据共建共享的基础上，建议政府或监管机构代表公众、金融机构、金融科技公司三方参与，确定各自对传统金融数据和大数据的权属比例，然后以数据资产共同出资，发起设立金融大数据第三方服务机构。其一，切分金融科技公司的业务部门和数据管理部门，使数据管理部门的职责以市场化机制的方式转移到该第三方服务机构，也就是说，将这些金融科技公司的自身平台服务和数据采集、数据分析、数据服务功能分离，避免平台因为海量数据而产生垄断行为等各种弊端。其二，金融机构把符合金融监管各项要求的结构化数据，提供给金融大数据第三方服务机构，扩大金融大数据的内涵和外延，丰富数据平台。其三，政府代表公众行使授权、监督、保障等权利，决策数据受限于共享下的受益分配方案，让大数据真正"取之于民，用之于民"，从而实现各方权责利的公平对等。如此既可以让监管对大数据的风控实施穿透式监管，在新巴塞尔体系下对模型进行充分验证，也可以保证大数据风控的结果不会受到金融科技公司的故意污染，还可以允许其他潜在市场的竞争者付费分级限制使用脱敏后的数据。

上述数据归集到第三方数据服务机构后，独立和准公共性将得到保障，并且可以通过数据服务业务模式让金融大数据第三方服务机构的参与方从中受益，从而可以较好地使社会福利最大化。

第四章

信贷领域的风险与法律问题

信贷是中国金融服务实体经济的主要活动，也构成了中国银行业金融机构最主要的收入来源。近年来，随着数字技术的发展，金融科技公司逐渐介入信贷领域，在降低业务成本、触达长尾客户的同时，也在客观上分拆了信贷业务流程，形成了节点型金融模式，给传统金融机构和金融监管带来了重要挑战。

真正的创新往往是"无中生有"，应该如何认识金融科技公司介入信贷业务的实质？应该怎样应对其带来的垄断风险、系统性风险和伦理道德问题？本章提出了金融科技公司监管的基本思路、基本原则和重点建议，尝试构建面向数字时代的金融科技监管框架。

金融科技公司介入信贷领域的过程

我国金融科技公司介入信贷领域的主要特点

金融科技公司积累了丰富的场景支付及用户画像数据，使其拥有获客、自动化、风控等独特优势，并通过服务金融机构，不断地拓展应用场景，积累新用户，丰富数据生态圈，实现了新的闭环。

服务对象以尾部客户为主，开拓新蓝海

金融科技公司介入信贷领域，大多是基于大数据，通过更精准地核验信息真伪、描摹用户画像，从而以更低的成本服务原先平均违约率较高的客户。即服务的对象以被银行等传统持牌金融机构忽视、放弃的尾部客户为主，挖掘并激发市场需求，开拓新蓝海。

整合外部资源，在细分金融业务环节中充当多种角色

在信贷业务中，金融科技公司和金融机构根据各自优势分工合作，客观上将信贷业务进行环节拆分，使得信贷流程不再自始至终集中于单个金融机构，环节更加细化，并实现了跨行业分工（服务外包）。金融科技公司通常也遵循互联网公司的"轻资产"策略。即使介入了对资本金要求较高的信贷领域，也往往通过整合外部资源的方法，采取联合贷款①和助贷②模式，由合作金融机构全部或大部分出资放贷，充当信贷业务的获客渠道、发挥"补充征信"的作用、提供第三方风控服务等，并对外转移不具有比较优势的资产，管理庞大的资产规模。

具体而言，联合贷款或助贷将信贷流程分拆成了获取资金、寻找客户、建立风控模型、授信评估、风险定价、贷款发放以及贷后管理七个环节。金融科技公司完成获客、风控模型、信评、定价和贷后五个环节，可以称为节点型信贷业务。获取资金和发放贷款涉及资产负债表，由合作银行完成。金融科技公司还创新

---

① 联合贷款是指金融科技公司和金融机构以共同授信的方式按比例提供资金，共同为贷款客户提供资金。无论是助贷还是联合贷款，金融科技公司都可能参与到放贷机构贷前、贷中或贷后的风险管理中，提供贷前的调查和数据的征集，帮助构建授信决策和风险管理模型，以及在贷后协助开展资金监控、风险监测、贷后催收等业务。

② 助贷是贷款业务的中间环节，金融科技公司利用自有场景吸引客户，收集并积累客户身份、行为、资信等金融数据，将有贷款资金需求的客户收集汇总，并运用大数据、人工智能对借贷客户进行初筛，筛选出符合资金方前置条件的目标客户群，然后通过撮合客户和银行、消费金融公司、信托等持牌金融机构，为有资金的供需双方拓宽了渠道。国内金融科技公司以乐信、360数科、信也科技等为代表。

服务模式，将自身角色平台化，通过信贷资产转让、资产证券化等表外贷款的方式，实现规模化经营。

服务产品主要是消费信贷和流动性贷款

金融科技公司提供的信贷产品主要集中于个人消费信贷和中小微企业的流动性贷款两个领域。金融科技公司通过处理积累的行为数据、主观推断等另类数据，开展"反欺诈"分析，帮助判断个人和企业的短期、小额还款意愿及能力，从而支撑消费性、流动性的小额、信用类信贷产品。但是，在判断企业中长期还款意愿和能力时，仍需要依靠基础性信用数据，包括结构性的定量数据，也包括对未来经济走势、企业家精神、企业团队等的主观判断。分析另类数据只能提供有限的决策参考，因此，以另类数据为主要支撑的金融科技公司，在获得更广泛的数据之前很难胜任对企业中长期还款意愿和能力的判断等工作。此外，金融科技公司的模型往往依靠机器学习，需要大量基于实践的反馈性数据。中长期固定资产投资的反馈周期很长，难以让模型迅速完成迭代。换言之，在当前的数据、技术条件和客户特性的情况下，金融科技公司还不具备对企业中长期固定资产投资风险判断的优势。

如何看待我国金融科技公司的发展

我国金融科技公司的发展充分借助科技等供给能力满足了社会需求，创造了社会价值

早年，我国小微企业、中低端收入人群的金融服务一直没有得到有效满足。随着信息技术的进步和移动设备的普及，在包容性监管的环境下，金融科技公司为了实现客户价值闭环，提升客户服务体验，将服务环节的外部交易成本内部化；为了能够充分利用富余资源，实现"范围经济"，通过第三方支付开始逐步参与尾部客户的金融服务提供业务，取得了"蓝海"竞争的效果。

经过近些年的发展，金融科技公司在满足普惠金融需求、探索供应链金融方面取得了较大的成就，极大地降低了尾部客户的触达、营运和风险管理成本，创设出了大量具有商业可行性的普惠金融模式。与此同时，金融科技公司致力于缺乏信用记录的"白户"的信用培育，为征信的普及贡献了力量。金融科技的发展还在金融行业形成"鲶鱼效应"，推升了金融行业的数字化转型和客户服务水平。

金融科技公司介入金融（信贷）业务是历史的探索过程

金融科技是在传统金融机构缺乏动力的空白地带，解决市场

痛点的过程中发展起来的，并不是单纯的"监管套利"。真正的创新往往是"无中生有"，意味着缺乏认知，缺乏法制，仅开拓者"一人说了算"。创新既会成功，也会失败，是需要富有创造性并能够承担创业风险的。创新如果取得成功，特别是开拓新市场产生新价值的创新，将会获得巨大的收益。若看到批发市场与零售市场之间巨大的价差，发现小额、分散的信贷风险与传统信贷的不同，将能获得巨大收益。发展的结果可能"合意"，也可能"不合意"，甚至会逐步碰到传统机构的业务范围，监管部门则保留了规制的权力。一方面，监管部门会完善修改监管规则；另一方面，企业"不合规"的行为也需要在一定期限内整改。这是市场发展、监管完善的迭代过程。同时，监管宜遵循"法不溯往"的原则，即如果没有违反当时的规定，应视为合法，所获收益应视为创新收益，类似于创业回报和专利保护。

每个时代都有相应的中心企业，应在时代中交由市场决定

基于传统信贷业务分析，金融科技公司介入信贷领域，是将传统的信贷业务环节细分，即不再由银行等传统金融机构从头到尾包干，金融科技公司作为技术服务商等不同角色，介入信贷中除信贷风险决策和资金供给外的获客、导流和技术操作等非金融核心环节。这是不影响金融实质的分工细化、专业化和社会化的过程，可看作传统金融业务的补充，类似于服务外包。

但是，从数据和技术的视角来看，或者基于数据和互联网技术为中心的视角来看，数据的获取、加工等环节主要发生在金融科技公司，金融机构只是其中的"变现"环节。未来，数据、渠

道将成为核心竞争力，资金供给和金融风险管理反而可能只是"内容"。在这种视角下，可能会导致传统的合作银行对金融科技公司过度依赖，包括对其客户资源、大数据和模型的过度依赖等，沦为平台上的一个"应用型"企业。

因此，从不同的视角进行分析，会得出金融科技公司纳入传统金融机构业务链条，以及传统金融机构纳入金融科技公司业务链条两个结论。实际上，不同的时代有不同的稀缺资源，有不同的相对重要性，从不同的稀缺性视角观察会得出不同的判断。金融行业的相对重要性、传统金融机构在金融行业的核心地位，都是动态变化的。在这个时代变迁的关口，更应该保留发展的多种可能，允许相对地位的变化。

金融科技公司具有广阔的可拓展性，传统金融机构需加速转型

当下金融科技公司受到各种约束，优势主要集中在"尾部客户"和替代性数据，传统金融机构依然拥有主流客户和高价值的数据。可以认为，金融科技公司是主流金融体系的有益补充。但这并不是终点。金融科技公司的场景还在拓展，服务的客群还在延伸，特别是金融科技公司已经开始开拓代发工资、税款缴纳等场景，传统金融机构服务的客群和数据，未来也会逐步被金融科技公司触达和掌握。另外，金融科技公司还积极介入供应链金融，与企业、产业的数字化改造相融合。总之，数字化正在逐步嵌入日常生产、生活和政府管理中，基于数据的金融服务也将"日用而不知"。可以预见，金融科技公司在数据方面，尤其是动态的行为数据方面将越来越具备竞争优势。从发展的角度看，未来金

融科技公司更有可能成为市场发展的中心,传统金融机构将被动地融入金融科技平台和链条。当然,转型过程需要妥善管理,防止风险,但以金融科技公司(包括传统金融机构快速转型为金融科技公司)为核心的趋势无法逆转。因此,金融科技公司要保持开拓精神,同时,传统金融机构也需要加快转型,重新定位并培育新的核心竞争力。

第四章 信贷领域的风险与法律问题

金融科技公司介入信贷领域的风险

金融科技公司风险的特殊性来源于其业务逻辑、服务客群、服务手段等的独特性。金融科技公司主要利用信息技术，基于大数据开展业务。数据市场具有显著的规模经济和范围经济的特征。金融科技公司目前服务的客群多为传统金融机构的"尾部客群"，数量众多、小额分散，不仅风险特征不同，对风险不敏感，并且在极端环境下"羊群效应"更显著，同时，更具有社会性和伦理性。金融科技公司推动了传统金融业务的环节细分，但其只是参与搭建平台、场景开拓、技术服务等自身具有比较优势的环节，表现出强烈的"技术驱动"特征，重在"反欺诈"、基于剔除"坏人"的大数法则和分享思维等。

金融科技公司的垄断风险

金融科技公司处在具有自然垄断特征的数据金融行业,"数据孤岛"加剧了局部垄断力量。在市场发展初期,存在一些滥用垄断力量抑制市场竞争、损害消费者的行为,需辩证看待,合理应对。

金融科技公司潜在的垄断力量和行为

近些年金融科技公司的发展,特别是随着细分市场的集中度提升,出现了一些具有垄断特征的力量和行为。

一是市场力量更加不均衡。主要表现为金融科技公司的集中度较高,金融科技公司与消费者、投资者、合作伙伴间的力量对比不对等。个别金融科技公司搭建的平台规模庞大,市场集中度较高,在细分市场方面具有"系统重要性"。同时,平台生态中不同主体的力量并不均衡,金融科技公司往往拥有较强的市场力量。金融科技公司既提供了技术基础,又是主要的获客场景(渠道),同时充当了市场的组织者,有时还会参与一些具体的经营活动,不可避免地会发生一些利益冲突。

二是存在交叉补贴和内部不合理转移定价问题。金融科技公司通过财务补贴、不对称的风险承担和内部不合理的成本定价,实现了跨界的交叉补贴。如余额宝等 App 可以提供当天提款的货币市场产品，集团实际上提供了流动性风险补贴。又如互联网行业中的"羊毛出在猪身上"的商业模式被复制到金融领域，受益者与缴费者并不完全对应，大量产品和服务是免费的，通过允许信息收集、广告推广等获得收益。此外，数据市场由于发展不成熟，权属不清且缺乏外部市场，核算和定价缺乏依据，部分金融科技公司内部不核算数据使用和技术服务成本，只对外部使用主体收取费用。金融科技公司形成了成本黑箱，内外部数据和服务有不同的收费标准，产生了不公平竞争。

三是存在差别定价现象。金融科技平台拥有大量的行为数据，通过对客户的不断细分和信息挖掘，借助算法和定价策略，实现了"差别定价"。例如，不同还款概率、不同场景下的用户费率不同；又如推荐排序，向不同的金融机构推送不同的客户信息，向不同的投资者推送不同的金融产品等。差别定价可产生类似于经济学上的完全价格歧视，产生与完全竞争市场类似的资源配置效果。好处是可以给投资者和合作方更好的体验、更好的服务，是有价值增值的，甚至可以挖掘新需求、创造新价值。争议是定制营销和差别定价。前者有"信息茧房"和"诱导消费过度信贷"的担忧，后者有垄断的风险和利益配置合理性的争议。生产者和消费者在获得"贴心"服务的同时，越来越多的生产者和消费者剩余被分配到平台。这一做法是否合理，具有争议性。

四是反竞争的收购行为。技术是金融科技公司的核心竞争力之一。因此，为了保持领先的技术水平，金融科技公司会加大对科研和技术开发的投入，也会加大对外投资的并购。这是良性的技术发展过程，但并不能排除部分金融科技公司出于抑制竞争对手的目的，恶意收购新兴技术公司，阻碍了市场竞争以及其他方向的技术进步可能性。

金融科技公司垄断力量的特殊来源

金融科技公司是数字经济时代的活动主体，在模糊的空白地带开拓市场。同时，又必须承担秩序的设计和维护、个人产品和服务的供给，以及基础设计的提供等角色。这三类角色对于一个时代是必不可少的，但由同一个主体提供，必然会存在利益冲突和垄断倾向。再加上数字经济所具有的规模经济和范围经济的特征，算法具有的不透明性，合适的技术和市场规则未演化成熟等，加剧了潜在的垄断力量和行为。这是一个开拓、成长和规范交替时代的展开过程。

一是金融科技公司所处行业具有显著的规模经济和范围经济，更容易产生自然垄断。金融行业具有外部性，且规模经济显著。数据资产初始投入巨大，但边际成本低甚至接近于零，共享收益显著，具有明显的先发优势。

二是"信息共享"和"信息孤岛"并存加剧了局部垄断的力量。数据源控制主体和金融科技公司往往鼓励并强化部门内、生态内的信息共享，对能获得收益（数据变现）的数据共享保持相当大的开放性。但不同部门或金融科技公司之间尚未建立顺畅的数据共享机制，数据以"黑箱"的方式成为核心竞争力，相互之间是信息孤岛。全行业的基础设施被信息孤岛划分到不同部门和金融科技公司，强化了局部垄断的力量。局部垄断的背后是数据治理机制的缺失和基础设施、个别产品的混同，这是行业发展过程中的普遍现象。

三是"算法共谋"和"算法歧视"等问题。现有的反竞争规制一般是应对"明示共谋",即通过明确的书面、口头协议维持的反竞争行为。但市场上也存在"默示共谋",即在没有明确协议的情况下,通过相互事实承认的依存关系来维持的反竞争行为。主要发生在市场参与者较少的透明市场中。数字空间内的行为是由算法驱动的,算法即行为,但算法不透明也不易理解。因而,金融科技公司既可能在算法设计时"明示共谋",也可能由于算法设计理念、算法偏差等导致事实上抑制市场竞争的"默示共谋"。为此,需要对算法设计的公平性、独立性和可解释性提出要求,并通过市场结果判断是否存在抑制竞争的算法。

如何看待金融科技公司的垄断行为

数字时代的社会焦虑、基础设施建设与垄断

数字经济冲击了工业时代,使生活在其中并习惯于工业思维的人处于迷茫和焦虑之中。金融科技公司是数字经济的先行者,带有数字时代的一些特征。人们对金融科技公司垄断的担忧,带有浓厚的时代变革时期的焦虑情绪。

支撑数字时代的基础设施不太可能从一开始就完全由政府提供,因此,市场在提供个别产品时,不得不同时补足"基础设施"的欠缺。在新技术范式被广泛普及之前,基础设施和个别产品是杂糅在一起的。同时,在技术范式尚未稳定的初期,由于存在多种技术路径和市场开发渠道,消费者需求不稳定,不同技术路径和市场定位的公司之间存在着跨界和隔代竞争。但随着技术

范式逐步稳定，技术路径开始具有自我强化的特性，新的时代因此展开，具有高初始投入且低边际成本的技术成为新的基础设施。基于此基础设施的新生态快速发展。在此意义上，自然垄断是新技术范式扩散的基石，其打破了旧的技术范式。基础设施的相对稳定性和技术发展空间的开放性（并非唯一）是需要随着时代的发展而保持动态平衡的。在美国反垄断法律体系中，立法原则亦主张通过市场竞争，以及技术创新来打破垄断。在长周期的监管过程中，科技巨头将逐渐变得更加开放、积极创新，并相应地带动科技产业整体的快速发展。

反垄断不宜基于能力，而应着眼于行为

反垄断并不是禁止垄断地位。科技行业特别是互联网行业天生具有显著的规模效应和先发优势。一些科技企业由于技术先进、管理效率高以及用户体验好等原因，迅速获得垄断地位。科技反垄断不宜抑制效率提升，法律不宜惩罚竞争中的优胜者。当且仅当垄断抑制合理竞争，损害消费者和相关方利益时才需要政府规制。科技反垄断的对象宜局限于滥用垄断地位扰乱市场秩序的行为，如捆绑销售、畸高定价、限制竞争者公平竞争等，以及出于抑制竞争目的而采取不正当方式获取及维持其垄断地位的情况，如恶意并购等。

差别定价需区分价值提升与不公平交易

金融科技公司往往以平台公司的模式存在，具有导流、匹配、撮合等职能。金融科技公司是网络的关键节点之一，拥有较强的市场力量，特别是面对分散的弱势群体时更是如此。为提高客户体验（效用增加）或降低供应商（合作银行等）的匹配成本，平台类金融科技公司往往通过算法来实现差异化对待。这种差异化是否构成了需要政府规制的垄断行为？当面对消费者时，若平台公司基于消费者的偏好进行差异化服务，提升了消费者效用，那么差异化营销和销售是基于平台公司的能力，消费者或生产者剩余在信息充分披露的情况下自愿转移，并不宜认定为抑制了竞争，损害了消费者权益。当面对合作伙伴时亦如此，特别是当平台公司的管理能力和风险评估技术高于合作伙伴时，可以在满足合作伙伴技术性的要求下精准匹配，以获得额外收益，而这部分收益应属于技术进步，是"共赢"的，也不宜判定为滥用市场力量的垄断行为。只有当金融科技公司是因平台公司拥有信息优势，单纯进行"损人利己"的利益再分配时，才是滥用市场力量。

完善数据治理和数据产业链的社会化是科技反垄断的根本

数据及其特性是金融科技公司垄断力量的根源。当前，数据只有在变现环节才能获得社会价值，数据的收集、整理、加工、共享等环节缺乏获得利益分配的社会机制。数据黑箱和数据孤岛导致数据领域的规模经济和范围经济在局部显化。因此，打开数据黑箱，推动数据产业链社会化，便利数据价值向产业链上游市场传递，是管理数据领域的垄断力量、抑制被滥用风险的根本之路。

金融科技公司的系统性风险

金融科技公司的系统性风险界定

系统性风险具有面向全部市场主体的负外部性，影响巨大。引发系统性风险的因素是所有产品、市场都共有的因素，与宏观政策、制度和人性特征等有关，是各类偏差累加的结果，主要在顶层设计中维持平衡。

金融科技公司在金融领域服务的对象主要是"尾部客群"，以金额计算，其总体市场份额并不高，但以用户数计算，其总体市场份额较高。同时，在细分领域，"尾部客群"也占较高的份额，具有系统重要性，如第三方支付行业、个人住房抵押贷款以外的消费信贷及小微企业贷款等领域。当前金融科技公司主要发挥填补空白、分层竞争的补充性角色。金融科技公司服务的客群数量庞大，且绝大部分属于社会的"弱势群体"，单体金额较小，期限较短，惰性和"信仰"特征较明显，平时不敏感，但极端情况下"羊群特征"突出，特别是年轻人的网络表达更容易迅速传播开来，处理不好容易引发重大社会问题。金融科技公司主要通过环节细分后部分介入金融业务，改变了传统金融机构、业务的形态，从而使传统的风险管理、宏观调控受到了挑战。

金融科技公司的金融风险特征

为了充分展示金融科技公司的系统性风险特征，下面将传统银行和金融科技公司的系统性风险进行对比分析。

银行信用风险的损失分布普遍具有"偏峰厚尾"的特征。如图 4.1 所示，风险曲线可以大致分为三个部分。其中最左边的第一个部分代表损失发生的概率最大，属于预期损失，银行通过风险收益配比原则，内化于信贷产品的利率中。中间的第二部分代表损失发生的概率较小，属于非预期损失，由银行计提拨备承担和资本金覆盖。最右边的第三部分则是在极小概率情况下发生了极端损失，超出了银行个体的承受范围，就需要由社会资本[包括银行的相关利益主体如债权人（主要是存款人），以及社会公共资金如央行再贷款、存款保险基金等]承担。

出现极端损失，意味着银行需债务重组或破产清算，风险外溢，金融稳定受到冲击，属于系统性风险（见图 4.1 阴影部分）。目前，在我国现有金融体制下，银行系统性风险概率极小，阴影面积很小。

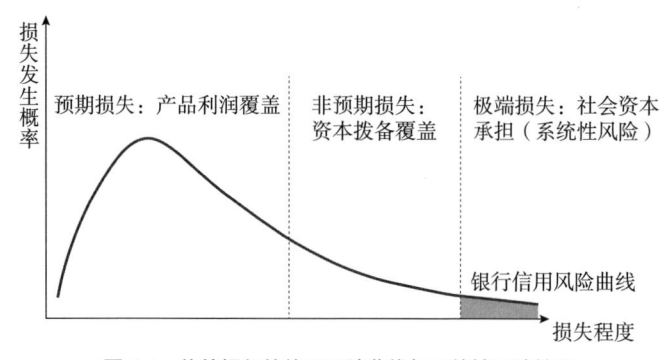

图 4.1　传统银行的信用风险曲线与系统性风险特征

金融科技公司从事信贷业务后，其信用风险曲线与传统银行有三点不同。

风险非正态分布，存在"肥尾"问题

金融科技公司服务了大量的"尾部客户"，利用数据和模型寻找原来高风险客户群体中的低风险部分。这类客户群处于风险概率分布的尾部，与假设的正态分布偏差较大。如图 4.2 所示，曲线上表现为损失分布曲线的峰值较传统银行明显偏右，曲线尾部明显偏厚。

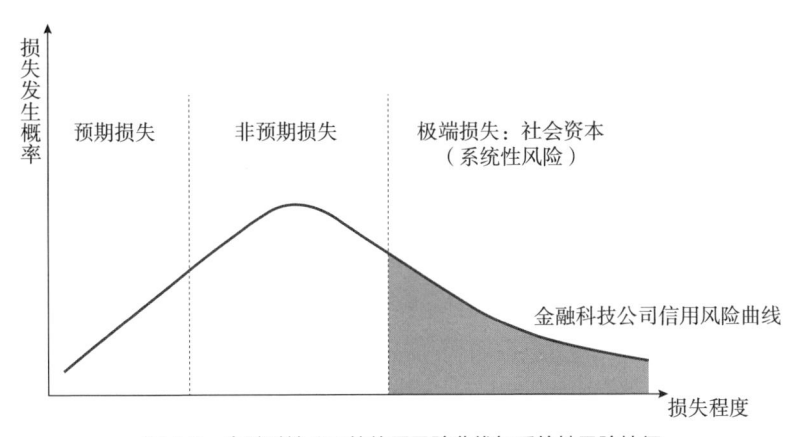

图 4.2　金融科技公司的信用风险曲线与系统性风险特征

风险变化的非线性特征明显

数据和技术极大可能地挖掘了现有行为背后的价值和确定性，甚至通过迭代等方式强化了低风险部分，进一步降低了风险。但是，当服务群体扩张，或者环境发生变化时，金融风险变化则具有非线性特征。具体而言，在可靠的群体范围内及正常环境下，这些数据和模型确实找出了低风险部分，因而可以以较低的成本为客户提供服务。但这部分群体毕竟是"弱势群体",无论是在进行市场交易方面还是面对金融风险方面都较为脆弱。因此,当金融科技公司在商业利益的推动下过度拓宽服务对象边界时,其拥有的边界客户的信息数量和质量均可能呈现非线性下降,同时,风险评估的准确性和可靠性也将大幅降低。

风险承担的转嫁与错位

金融科技公司介入信贷市场的细分环节,信贷关系从点状转变为网状,风险的实际承担状况将变得更加复杂。由于市场相对力量的不同、对真实风险的感知和管理能力的差异、金融科技公司潜在的资本金不足而造成的风险过早外溢以及社会稳定等因素,导致了最终的风险承担主体与合同中所设计的,或者理论上假设的风险承担主体并不完全相同,并且更有可能转移到获得国家安全网保护的银行类金融机构,或其他最不具有风险判断和评估能力的"弱势群体"手中并最终转嫁给公共资金,即由社会共同承担。

金融科技公司的伦理道德问题

金融科技公司的伦理道德问题既有传统的诱导过度放贷等问题,涉及人的自我约束和外部约束边界,尤其是对特定人群如青年人,又有金融科技公司的数据收集和隐私保护问题,更有以算法驱动行为导致的算法歧视等问题。

此外，数据时代本身还冲击着人类对自身的认识，产生新的伦理问题。在大数据时代，数据量的爆炸式增长导致判断和选择的难度陡增，人们越来越依赖于数据和算法，个人能力不断地被算法替代，传统的工作岗位流失，衍生出"数据独裁""算法权力"等新的社会伦理问题。

掠夺性放贷诱发过度负债消费

我国金融科技公司目前服务的主要是自然人、小微企业等传统金融服务没有很好地触达的群体。与生产性贷款受生产状况较强约束不同，消费性贷款虽然名义上受未来收入的约束，但更受消费者的消费欲望推动，部分消费信贷需求与意外冲击有关，如疾病、自然灾害和社会意识等。人类历史上对利息、高利贷的道德指责与此密切相关。消费信贷虽在消费者生命周期中可以平滑现金流，但也背上了沉重的道德负担。那么，消费者或小微企业（大量属于个体工商户）是只能基于过去积累的现金流进行消费、投资生产，还是可以与大企业、具有专业的判断能力和风险承担能力的富裕阶层一样，借助社会杠杆来实现自我梦想？考虑到这些主体缺乏足够的风险承担能力、专业判断能力，以及必要的自我约束能力，可以认为，其不太适宜以独立经济主体的身份参与金融活动，除此之外可能需要社会向其施加额外的约束。此时，普惠、良好的用户体验与对不具备能力的群体进行诱导、提供工具等交织在一起，形成社会伦理上的困境。

国内金融科技公司在实践中也引发了一些社会问题。特别是36%以上的高额利率给不具有负担能力的群体施加了巨大的压力，加上不规范甚至恶劣的催债行为，加剧了社会矛盾。

算法权力与算法歧视问题

金融科技公司是基于海量用户的另类数据，通过大数据算法深度计算分析消费者的行为习惯、性格爱好、经济条件等，实现对消费者的精准画像，进而匹配符合其最大偏好和意愿的金融产品，达到"千人千面"的个体化服务。这在一定程度上满足了用户更深层次的金融需求，但同时也形成了一种新型权力形态："算法权力"。即金融科技公司运用大数据算法引导甚至操纵用户的需求与痛点。典型的例子如大数据杀熟。又如，算法的"茧房效应"限制用户对信息的自由选择，将用户置于算法建立起来的泡沫之中，只接触自己喜欢或认同的内容，造成用户自我封闭或产生某些偏见，影响用户的思维模式并扭曲用户的认知，不利于用户的长远发展。

由于金融科技公司的行为主要通过算法实现，因此，人文社会中所关注的歧视（性别、年龄、种族、宗教、残疾等）问题很有可能被无意或有意地嵌入算法程序之中。算法本质上是以数学方式或者计算机代码表达的意见，用非人格的技术性手段承载了人文社会的价值观，设计者和开发者的偏见可能会被嵌入算法系统，隐藏于算法黑箱之中。加之考虑到数据的准确性和有偏性，机器具有自我学习、自我适应的能力，人类社会基于信息、认知的"反身性"特性等，更容易强化隐藏于数据、算法中的偏见，激化社会伦理上的矛盾，典型例子如信息茧房、算法偏见等。

隐私暴露问题

个人隐私保护问题，既是社会伦理问题，也是大数据治理的重点。金融层面上需要接纳现行社会的人文价值观，在日常业务和行为中确保符合这些价值观。特别是金融科技公司在信息收集、处理和流通过程中都可能涉及个人隐私保护问题，需要高度重视。很多包括深度学习在内的 AI 系统，都是通过大数据学习，需要大量的数据来训练学习算法。一方面，在深度学习过程中使用的敏感数据可能会泄露，对个人隐私产生影响，因此国外的 AI 研究人员提倡在深度学习过程中保护个人隐私。另一方面，数据的频繁流动，可能会削弱个人对其数据的控制和管理。

金融科技公司的数据治理问题

数据治理是在数据的收集、清洗汇总、加工处理、共享及使用过程中涉及的各类主体的权责利界定以及相互合作制衡的机制。数据是现实世界中人与物及其行为在数字空间映射的结果。数据空间的权责利，从人的视角来看，实际上是现实世界权责利的映射。但由于人类社会大量权责利"日用而不知"，数据空间需将其清晰化。加上数字空间的行为通过算法实现，相对不透明、不易理解，且数据处理也衍生出大量新的权责利，如除需确权才能合理分配收益的共同原则外，还存在数据的权属与发掘追踪相联系，以及其价值也在共享开放中动态变化方面的问题等，均需重新界定。因而，数据权属和治理有别于现实世界，有其特殊性。

实际上，数字时代就是数据从单点、黑箱向多层次、多类别、多环节、各方共同合作的方向转变，利益通过市场化方式从终端变现环节向产业链各个环节合理配置的过程。这是"无中生有"的创造、迭代、认知和规制的过程。因而，模糊或不清晰的混沌状态是常态，不宜因不清晰而贻误市场的开拓和探索。

数据要素的权属界定

数据权属分为抽象意义上的人格权益归属和经济学意义上的财产权益归属两个层次。数据的人格权益归属已有较多共识，如数据主体对数据具有广泛的控制权，包括知情权、访问权、更正权、被遗忘权、处理限制权、可携权和反对权。关于数据的财产权益归属问题，目前学术界和实务界依然争议较多，尚没有达成统一认知，甚至存在大量的技术性问题未解决。

数据主体、数据加工处理者和数据使用者按边际贡献分配最终收益

人类历史上资产所有权的初始配置是基于暴力和武断的。而后，通过市场交易，遵循帕累托改进的方式交换所有权，最终实现了相对具有生产效率的配置。数据要素作为一个新的生产要素，其初始产权的界定引发了较大的争议。由于数据空间交易费用接近于零，且具备条件通过交易的再配置功能，达到相对较优的所有者结构，因而，初始产权的配置更多的是社会伦理学意义上的争论。

市场配置后（均衡状态）的所有权，特别是收益权，呈现出与要素对最终价值边际贡献相等的状态。因此，现倾向于直接根据要素（参与主体）对最终价值的边际贡献界定收益权。数据的价值，主要是借助特定算法和模型，最终通过出售内嵌数据的产品和服务（所谓的变现环节）来实现。即数据最终的价值来源于对人类的有用性。因此，数据收益权的分配（权属）也是对数据最终能实现价值的分配。

与一般商品和服务的价值主张相比，数据要素的收益权主张有两个方面的特殊性。

一是信息主体是否拥有价值主张的权利。一般商品和服务，属于无生命或者非人的客观存在，这些商品和服务本身不会对自身创造的人类价值有价值主张的问题。但数据生成的主体涉及自然人，就必然存在是否涉及价值主张的问题。从数据价值的角度来看，大数据的价值来源于大量个体数据的汇总，以及挖掘出这些数据背后的行为特征。类似于"干中学"和"社会科学研究"，是在"现场""多维度挖掘"后才呈现出价值，是"无中生有"的过程。因此，既要承认数据产权，特别是收益权的"共有"，又要给数据价值的挖掘和呈现保留足够的空间，否则所谓的价值只是"水中月"。

二是数据产业链的参与主体是否参与以及如何参与最终实现的价值分配。类似于工业生产过程，最终价值的实现应是消费环节，但生产链上的所有环节和厂商都参与最终价值的分配。数据价值在当前市场环境下的实现，主要集中在数据最终使用的载体——服务和产品上，但应通过一定的方式，使其分配到数据产业链的各个环节。

近些年一些主要由外国科技公司提供服务的国家提出了"数字税"的概念,对因收集本国数据而产生的收益,由国家征收数字税,以平衡境内外收益的分配。

总之,数据主体、数据收集加工处理者(包括数据收集者、控制者、处理者、存储托管者等)和数据使用者三方共同完成最终数据价值的实现,理论上应按边际贡献对最终收益有权利主张。

数据权属的技术实现——分层、分类和分环节

财产权意义上的数据权属是具体的。在动态展开的世界中,表现为数据链上的数据种类更加丰富,参与主体不断增多,分工细化、环节分离,形成分层、分类和分环节现象。数据权属的界定,要适应这种丰富且展开的特性,不宜限制市场多元演进的空间,同时,要随着安全和隐私技术的变化不断进行动态调整。总体来看,数据权属的界定既需要微观上平衡安全、隐私和收益,也需要宏观上平衡社会可接受度、社会发展和经济效率。

数据生产链可分为四个主要环节:数据收集、数据的加工处理(含信息的清洗汇总等初步加总环节,数据的去标识化匿名化,数据挖掘学习)、数据共享和数据使用。涉及的主体包括数据主体、数据的实际控制者、处理者、存储和托管者、数据发布者、数据使用者等。个人数据主要分为四类:身份识别信息、与个人直接相连的权属(如财产、宗教、生物特征等)、行为信息、主观推断等其他信息。后两类也被称为"另类数据",前两类为基础数据。从数据的形态来看,可分为三类:原始数据、去标识化匿名化数据、衍生数据。

目前技术能力下达成的共识包括：数据主体对原始数据拥有人格权益，严格物理分离的去标识化数据和匿名化数据的处置权归数据控制者，可委托第三方加工处理；数据主体对衍生数据不直接拥有处置权，但收益权的归属需进一步凝聚共识；个人数据的管理与存储、处理相分离，并通过网络汇集（虚拟）等方法统一管理个人隐私数据，如韩国由政府搭建统一平台，汇集个人信用数据并由个人自我实施授权、删除等管理的"MY DATA"（我的数据），欧盟提出的由信托机构统一管理的个人"数据信托"等；数据应按照充分告知、充分授权、"最少必要原则"收集，按照"可用不可见"方式脱敏、安全使用，按照有限、合法目的方式使用。

数据共享

大数据是数字时代最重要的"免费午餐"。其核心价值在于连接与共享，无法连接的单体数据不具有大数据集合的群体价值。良好的数据共享，要求数据权属清晰明确，能确保数据安全、隐私保护、数据标准可连接的信息技术和合理的利益分配机制。正是由于数据确权、数据安全和隐私保护的信息技术尚未完善，合理的利益分配机制尚不成熟，因此，为保证安全和利益，数据被内部化于公司或集团内，数据加工处理等环节无法进一步被细化和社会化（外部分工），严重影响了数据的社会化共享。

当前，国际上提出三种可能的数据共享方式。一是建立数据经纪市场，由中立的"数据经纪人"汇总来自各种渠道的互补性数据，以创建更有价值的数据集，然后将"合成"数据集提供给第三方。二是直接要求大型科技公司在保证隐私的基础上及时公开共享数据。三是由监管机构建立公共综合数据集，将数据打包成符合隐私要求的公共产品。

目前，我国数据共享正通过以下四个渠道进行探索。一是以征信体系为核心的信用信息共享，例如"接入征信中心"模式和"百行征信"模式，近期又扩大信用信息的概念内涵和外延，强化对征信业务和机构的管理。征信系统是金融体系在数据治理方面的先行先试，在征信数据收集、收费、数据使用等方面的管理上做了尝试。二是各地方政府主导的以政务数据为主的数据共享，如"信易贷"模式，分级分类开放的上海市公共数据开放平台，北京金融公共数据专区、广东中小企业数据库等。三是"数据交易所"模式，典型的如贵州数据交易所。四是金融科技公司通过市场化方式探索的数据共享方式，目前主要有三种模式：数据专区、多方安全计算与区块链技术。这三种模式都可以在技术上实现数据的共享，但相关的利益共享机制还需要进一步探索。如"UCLPUD安全屋"模式，推出安全管理、区块链及多方安全计算的安全屋平台，确保数据在安全前提下流通共享。云计算服务商浪潮云的"数据铁笼"，按照"非授权不可用""可用不可见""数据不出笼"等原则实现数据共享。上海通过区块链技术实现银行反洗钱数据的共享。

总之，数据共享在技术上主要基于隐私计算、数据标准衔接和数据安全等原则。数据共享的技术本质是在确保数据安全、可连接的基础上的隐私计算。达成的共识包括：数据去标识化匿名化（可用不可见），数据不出域（存储和处理分离，减少数据传输过程安全隐患和减少数据控制主体），非授权不可用（有限目的使用），等等。

数据价值的内部核算和外部定价问题

结合数据特征，为了与利益共享相衔接，需在技术上实现动态的、可信任的记录数据行为，进而建立将数据行为和最终的数据价值合理联系起来的利益分配机制。这就涉及数据价值的内部核算和外部定价问题。

数据价值的内部核算和外部定价是打开数据生产链条黑箱，形成数据产业的内部分工和社会合作竞争的关键。内部合理核算，是市场主体独立参与市场竞争的前提。无论是全资子公司，还是合资公司，参与市场竞争都需要以相对稳定、有约束的合理核算为基础，否则就容易构成随意的内部转移定价，存在隐性的交叉补贴隐患，诱发不公平竞争。

数据属于非竞争性、非排他性的准公共资源，宜按照边际成本加总定价才能使社会福利最大化。但以下四种因素使数据价值的核算和定价遇到困难。第一，较难区分数据的质量。关键信息和非关键信息的价值差异巨大，但数据"查验即使用"的特性，使数据质量较难区分。独立第三方的区分（一定程度的标准化），或者可信的事后区分技术是解决之策。第二，数据价值的事后开发。单个数据可能并不具有价值，只有总体数据经过适当挖掘和开发才具有价值，且价值有无、价值大小等很难提前确定，特别是对于创造性的工作来说，很难发现或者细分新的需求、创意等。价值是事后依状态而定的。只有极少部分传统业务对特定数据已形成较为明确的价值判定。第三，数据价值大小还取决于其开放度和共享程度，高度可变。第四，信息收集成本非货币标价，即所谓的PIK（pay-in-kind）。数据收集机构往往以免费提供某种服务为代价，换取一定的数据收集，类似于物物交换。

"通证"可能是实现数据共享的非货币化利益合理分配的可选方式。我国曾出现的"链圈"和"币圈"的结合，提供了类似"众筹"的、激励相容的数据共享机制。这就是所谓的"通证"，即基于区块链技术的新组织方式，依托众筹形态的权益凭证及其分配机制。具体而言，即通过区块链技术可回溯不可篡改地记录各参与方的活动，并可根据实现的收益实施评估和分配贡献。不同的公司可以提出自己的不同分配方案参与市场竞争。

对金融科技公司的监管

金融科技公司监管的基本思路

金融科技并没有改变金融本质,金融监管的基本理念和逻辑也没有发生变化。金融仍是人和人之间基于信任的资源跨时空配置,是人类的合作机制之一,金融监管仍需要着力于资本、行为以及投资者和消费者的保护三个方面。此外,金融科技的监管还需关注并应对以下三个方面的变化。一是金融分工细分,联系网络化。二是服务新客户群,形成新的业务模式和组织方式,市场力量对比发生变化。三是数据驱动,需要在金融监管之外强化数据治理的规制。

通过金融与数据空间的映射实现金融科技监管

金融将物理世界映射到金融空间,金融科技将传统的金融空间进一步映射到数字空间，金融的呈现形态和技术实现方式发生了变化。因此，需要找到数字空间的"对应物"，根据相同的监管理念和逻辑，采用科技方式监管。具体而言，现实世界的自然人，法律意义上的法人转变为数据空间中的节点——"人工智能人"，行为则对应于算法，与客户、合作伙伴的触达则从物理网点转为网页、App 和 API 等，基础设施等转为物联网、区块链、数据治理等。监管可以在区块链上设置特殊节点，通过算法监测和管理。

适应分工细分和网络化，从机构监管转向功能和行为监管

金融分工细化和网络化后，不再传统地以单一机构为核心、全面承担金融链条上的全部风险。金融监管既可以通过合并报表、表外回表内、"穿透"等技术，回到传统的以机构为主的监管，也可以创新监管方式，深入领悟监管精神，把握监管原则，根据金融形态变化再创造监管技术。

金融监管本质上就是要保证每个参与主体的权责利对等，尽可能地将外部性内化。或者说，就是要确保合适的人（股东、高管、营销和专业人员）和机构（资本金、专业和诚信、机构整体的资质、牌照管理）针对合适的客户（合格投资者，需具备专业知识、风险承担能力和民事能力）以合适的形式（行为监管，包括关联交易、垄断行为、信息披露）提供合适的产品和服务（在合适的人群之间，在信息必要披露和市场力量相对均衡的环境下，公开、公平、公正地开展合法活动，即保证参与方有足够的信息知情、专业能力和风险承担能力，相信市场能形成有效率的交易

和价格）。可将这种监管精神分解到每个环节，保证每个节点和行为都遵循这些监管理念。节点（机构）的边界，是除政府和法律调整的责任外，为且只为自己的行为承担全部后果的行为主体集合。

基于数字时代的金融管理

无论是基于映射下的金融监管，还是基于网络化分工细化中的金融监管，都是在原有金融范式下的金融监管。金融的数字化，不仅是传统金融关系和业务的数字化，还是金融范式的转变。因此，需要将金融科技监管纳入数字时代的数据治理范畴，推动基于数字时代的金融管理。这既包括数据治理的一般性要求，也包括货币、金融在数字空间的独有形态和组织方式。货币（信任）和金融越来越"内生"，内嵌于生产生活中，"日用而不知"处于"隐"的状态，数字货币和数字资产具有自我演化特性，通过迭代自我成长。在自组织的数字金融生态中，货币调控和金融监管的必要性将逐步降低。金融管理与引导数字经济发展相融合，需要为多样化的数字经济主体、模式留下足够的发展空间，更需要践行"监管沙盒"所隐含的现实实验和开放成长理念。

金融科技公司监管的基本原则

金融科技的监管应平衡技术、金融和社会伦理之间的不同诉求，平衡金融科技的系统性风险防控和数字产业的健康发展，注重监管的效率和适宜性。具体而言，金融科技监管宜遵循以下原则。

无监管套利均衡（监管中性或功能监管）

争取实现金融业务监管按整体和按环节分解无差异，由金融系统和非金融系统开展的监管无差异。即仅通过环节的细分、不同类型机构的合作不会带来监管红利，同时，监管也不会阻碍分工细化和机构间的合作。这并不要求一步到位。实际上只要市场存在套利机制即可，即监管保持足够谦卑，认识到市场结果不合意既可能是市场主体的违法违规所致，也可能是监管政策不合理所致。如果是后者，则应及时调整监管政策。此外，监管对技术保持中性态度，对不同技术路径不宜有价值判断，保持开放态度，重点放在技术使用上。

鼓励创新、转型风险可控和金融安全相统一

金融科技只是对金融形式的改造，而不涉及范式变革。为此，金融监管要顺应数字化转型的大趋势，承认行业的深层次重构带来的中心和主体变迁，要不拘泥于监管形式和现有做法，把握金融监管的精神实质，在技术和组织、流程重构后，于新空间中再创造性运用。当然，需要平衡"破"和"立"的程度和节奏，控制转型风险，达到鼓励创新、控制风险、维护安全。

最小干预原则，注重监管效率

金融监管是应对市场失灵的重要措施。要重视监管效率，平衡好监管的收益与成本，不宜过度介入金融市场和机构的日常运营，以免给市场带来过高成本。金融科技的监管要秉持最小干预原则，避免对市场的过度扭曲。以损失效率、付出极高成本来维护金融稳定既不利于金融的发展，也不利于维持和提高金融体系的竞争力。监管的组织，包括人员编制和科技手段的应用，宜与金融科技特点相适应，保证可行且有效。

普惠、高效的服务与社会伦理的平衡

技术是中性的，使用得当能提升金融市场整体的效率。因此，社会达成共识的伦理道德观需要通过一定的方式嵌入金融科技的业务、程序和监管之中。应防范金融科技公司打着"普惠金融"的旗号，过度触及没有风险评判能力、不能承担风险的服务群体，演变为诱导消费、过度信贷。需强化金融科技公司的反竞争策略、歧视性定价等反垄断审查，加大对其算法透明度的要求，防止出现算法歧视，保护个人数据隐私。

宜区分金融风险、经营风险和技术风险，分类监管

金融科技公司介入金融领域后，金融链条上不同环节承担的风险性质不同。有些是部分出资，承担金融风险；有些是管理和操作成本，承担经营风险；有些负责技术系统的开发和运营，承

担技术风险。金融中的尾部风险损失需要通过适度资本金吸收，但技术风险（信息技术和模型风险）、市场的商业风险（表现为经营或交易失败）应有另外不同的管理机制。技术风险中的模型风险也要进一步区分：一是技术设计不当等设计开发的纯技术风险，二是使用者决策采纳并使用该模型所需要承担的因模型不当引发的风险。前者为技术风险，应由技术提供方负责并承担；后者宜由决策者负责并承担，金融领域转变为金融风险。

金融科技公司监管的重点及建议

明确金融科技含义，界定金融机构和金融行为

金融科技通过新一代的信息技术，将数据、技术和金融联结起来，形成新的金融服务、组织和模式。科技公司和金融机构的监管文化和逻辑存在根本性差异，前者强调"法无禁止即可为"，后者则需要"持牌经营""法有规定才可为"。因此，目前对金融科技公司性质的界定尤为重要。

需要严格界定金融科技公司的"金融"属性。从监管的角度来看，是因为金融属性（行为）存在外部性和系统性风险，会破坏市场力量均衡，损害消费者或投资者的利益。金融科技公司从事活动的风险种类较为复杂，涉及金融风险、技术风险和商业风险。金融科技公司介入的金融领域，往往只是某项金融业务多个环节中的一个或多个。金融业务边界不断模糊、缺乏所谓的"本

源"业务，已使传统从本源业务上认定"金融"属性的方法不再适用，需回到相对稳定的金融功能，重新梳理金融的本质特征，根据新业务、新模式、新流程再认定。

首先，机构是风险发生和承担的"节点"。因而，可从金融风险发生和承担主体上认定金融机构，要求"节点"有吸收损失的、充足的资本金，以及风险识别、定价和处置的专业能力（人才、组织和机制）。金融处理的是人与人之间关于现金流权利与义务的关系，可根据是否实现了资产或对象的现金流特征转换，如期限、分布和风险承担原则等判定是否发生金融风险的改变和承担。其次，以金融产品或服务为标准认定金融行为。需要强化对客户触达节点的行为管理（销售和服务）、与合作伙伴交易中的合理性管理。

基于风险承担的节点（机构）的审慎管理

系统通过节点分散并承担最终风险。为了保证金融系统的稳健，需要保证每个节点在微观和宏观上保持审慎态度。这需要对承担风险节点的资本金、内部机制以及专业能力提出必要的要求。金融科技公司参与金融业务细分环节的某些环节，仅需对承担最终风险的环节施加与其实际风险承担相一致的资本等审慎管理要求。具体包括，需具备足够的专业能力、设计并运行良好的机制，以及充足的资本金，并通过牌照或资质等方式加以确认。

考虑到当前金融科技公司承担风险的特殊性，对其资本金的要求可不同于一般金融机构。

第一，按实际风险承担要求资本充足率。金融科技公司利用金融科技技术，累积用户数据，不断迭代风险控制模型，提高风险识别和控制能力。实际上，金融科技公司的消费性贷款和面向小微企业的流动性贷款的不良率，都低于银行业同类业务的平均水平。因此，在正常经济环境下，金融科技公司的资本充足率要求也可适当低于传统银行业，适当降低资本充足率要求或降低风险资产系数。

金融科技公司往往通过联合贷款或助贷方式介入信贷领域，需具体判断风险的最终承担情况。如果能够做到事实与法律意义上的独立决策、独立风控并独立承担责任，那么联合贷款和助贷的金融风险，可根据双方的出资额分别计算和承担。如果无法证明或者事实上无法做到严格独立，那么需要将双方的业务合并，计算整体的资本充足率，加重双方的资本要求。金融科技公司通过信贷资产买卖或资产证券化，将信贷资产移出表外，也需要根据其真实出表程度（即所谓的"表外回表"），计算金融科技公司为承担这部分资产风险所需承担的资本。

第二，增加逆周期风险缓冲资本要求。考虑到肥尾和风险非线性特征，需对金融科技公司提出额外的逆周期风险缓冲资本要求。具体而言，金融科技公司在规模扩张时，需要额外储备一笔逆周期风险缓冲资本直至达到总资产的一定比例，用于应对可能非线性增大的系统性金融风险。逆周期风险缓冲资本可考虑由独立第三方受托管理。

强化基于算法的行为监管

金融科技公司的行为绝大部分是通过算法实现的。为此，除利用传统的会计、审计、律师等中介组织外，还需要以算法为基础，强化行为监管。行为监管主要在三个环节开展：客户触达和服务、与合作伙伴的交易、产品和服务的设计和提供。可将金融监管要求、社会伦理和反垄断审查等都嵌入行为监控中。

一是将算法监管纳入平台监管中，在算法模型中构建监管要求、道德伦理和反垄断等方面的检测机制。二是构建算法审计。在算法开发阶段"融入"可审计性。三是提高算法透明度，要求企业数据决策系统可追溯与可复盘，建立分级的监管体系。对于适合公开的数据，要求其公开源代码或核心算法；对于涉及商业机密等因素不适合公开的数据，可规定其委托第三方专业机构出具审查报告或提供自我审查报告。

采取适合金融科技的监管方式和手段

分类多级牌照和资质管理

金融是具有强烈外部性和高度专业化的行业，需坚持"持牌经营"和资质管理。但金融科技的发展已将原有业务环节细化、分工社会化，单一综合牌照容易束缚分工合作的自然演化。为了给数字金融保留足够的空间和灵活性，可采取分类多级牌照和资质管理方式，按金融科技公司实际开展业务类型颁发相应的业务准入牌照，涉及专业职能和面对公众的岗位时，需严格资质管理。

大力发展监管科技，建设全国层面的"监管大数据平台"

金融的数字化，也需要监管的数字化，包括监管大数据的建设、监管规则的数字化和标准化，监管手段的数字化和智能化。为此，监管部门可与网络安全部门（如国家互联网应急中心）开展合作，联合建设大数据监管平台，利用科技手段推动监管工作信息化、智能化。一是被监管部门的基础数据库和业务操作系统需预留监管接口。即监管部门与被监管对象均基于相同的基础数据库和日常操作系统。可考虑通过应用程序接口（API）等方式，直联金融科技公司的数据库，随时提取所需数据，提高监管的及时性和有效性。二是推动监管规则和监管行为的智能化转型。可考虑在当前区块链网络中设置监督、审批等特殊节点，通过设计监管算法等方式，将监管规则和监管行为智能化地纳入节点（机构）和行为（算法）的设计、运营中。三是运用AI技术前瞻性地研判风险情景，实时监督各类违法违规行为。利用网络分析、机器学习等技术，智能识别海量数字金融交易，及时管控各类违法违规行为。

调整监管组织和人员设置，进一步完善"监管沙盒"机制，解决监管滞后性

为了与金融机构完成数字化转型，特别是与金融科技公司的发展相适应，可考虑在监管机构内部设立高级别的首席科技官或者首席数据官及配套支持部门。为提高监管的前瞻性、有效性，我国还可考虑尽快建立区域性创新中心，加大"监管沙盒"试点推广力度，提高试点的效率和适应性，更好地监测参与试点金融科技产品的风险规模及可行性。

以征信体系建设为抓手探索数据共享和治理

数据在使用中实现价值，金融是数据价值变现的最重要领域之一。其中征信是辅助金融活动的重要基础设施。因此，通过在大数据背景下探索征信体系的建设，将为我国数据共享和治理提供宝贵的经验。

合理平衡数据隐私保护和数据价值的挖掘

数字经济时代下，合理保护用户隐私，发展数据产业链，充分挖掘数据价值，是国家的核心竞争力。隐私保护的法律设计是影响数字经济发展的关键。美国是数字经济的领先者，这与美国现有的隐私法案 CCPA、计划实行的法案 CPRA，以及隐私保护标准相对宽松，给数字技术留下发展空间有一定的关系。欧洲没有真正意义上的互联网大数据公司，与欧洲较严格的隐私保护有关。欧洲通用数据保护法规（GDPR）对于欧盟用户实行严格的数据权益保护，这在一定程度上限制了中国和美国等互联网创新公司在欧洲的发展。数字经济时代国家层面的竞争，实质上就是建立一套更合理有效的激励约束机制和基础设施，以实现数据收集、加工处理、共享使用的数据产业链的社会化分工合作。

个人隐私保护可通过以下三个方面的组合来实现。一是法律保障。通过界定个人信息主体的权属和相关人员的行为空间来保护个人隐私。二是技术实现。通过数据处理、计算方法和管理技术等来确保个人隐私。三是利益平衡。通过市场交易，市场主体需承担一定的隐私泄露风险来获得更好的服务或收益。

隐私计算是隐私保护下数据共享的技术实现路径。为了解决互不信任的多个机构间数据共享和数据价值挖掘，国际上开发出了在不共享原始数据情况下实现数据价值挖掘和流转的方式，即"隐私计算"。"隐私计算"一般通过三个环节保证数据和模型隐私，实现数据的"可算不可识""可用不可拥""可用不可见"。具体做法如下。

一是原始数据的"去标识化"。确保合作第三方不能通过数据反向逆推出数据主体，即不能识别出消费者的"自然人"身份，同时，尽可能地保留数据中的"信息价值"，做到共享信息的"可算不可识"。

二是可信的执行环境。通过硬件化、"安全沙盒"、访问控制、数据脱敏、流转管控、实时风控及行为审计等管理实现，提升数据和模型计算环境的安全性，确保全程安全可控。

三是保护数据和模型隐私的智能计算技术。例如，多方安全计算、差分隐私、联邦学习等。用户的原始数据可以在不出域、不泄露的前提下共享并提取数据价值，实现信息的"可用不可见"。

国内外已有大量实践利用隐私计算、平衡隐私保护和数据价值的流转，取得了积极的成效。在个人隐私计算技术下，"去标识化"后的数据可以实现绝大部分个人隐私的保护要求。隐私计算过程中，在经过"去标识化"和多方安全计算分片处理后，第三方已经无法通过这些共享数据来反向逆推出数据主体的个人身份，将不会出现个人隐私泄露情况。因此，在"去标识化"数据加工处理的过程中不再需要获得信息主体的确认授权。

同时，需要尽可能地减少必须使用"匿名化"数据的场景。"去标识化"数据在数据加工处理过程中，可以实现数据"可算不可识"，但保留了数据间除个人信息以外的关联关系，可挖掘的信息价值较大，且仅在用户"授权"的情况下可重新识别使用。一旦进行匿名化处理后，数据之间的关联性将被不可逆地破坏，无法再将同一个人在不同时间、不同空间里产生的数据关联起来，从而无法有效地进行数据融合和数据价值的提取，继而丧失数据绝大部分的信息价值。"匿名化"后的信息不再属于个人信息范畴，在数据共享给第三方时虽无须再取得个人的单独同意，但也已经没有多大的使用价值。

分级分类牌照，推动市场分层竞争

从个人信用数据收集、信用信息的挖掘，再到提供信用产品和服务，这是一个完整的产业链。随着社会分工的发展，链条中的环节将被不断细化，并由不同机构专业化地实现。当前，大部分的征信机构和征信业务已经明确定义了个人信用信息的收集、处理和使用的规则，并且绝大部分国家都对其制定了较为严格的规定。其中，为了保护消费者权益，要求金融科技公司需实施必要的牌照管理。但为了给市场分工留下空间，促进数据产业的健康发展，有必要根据使用信用数据与最终金融决策的相关性不同以及参与产业链分工的职能不同，实施分级分类牌照管理。最终形成以中国人民银行征信中心为国家个人征信工作的基础设施，几家有限竞争的全牌照征信机构，数量较多的市场化的替代数据征信机构，其他与全牌照征信机构合作的、信息处理机构的、多层次竞争的市场格局。

重点管理数据的收集、发布和使用环节

个人信用数据的管理，应主要基于消费者权益保护和推动市场健康发展。从数据是现实世界的映射这一角度看，关键是管理好数据与现实世界的连接渠道，包括收集（数据形成时的连接）和应用场景（数据最终使用时的连接）两个维度。个人信用数据在做出金融决策时，如信贷、保险等，以及部分重大经济事项，如应聘、招聘等，对个人的生活具有重大影响。这部分决策所依据的个人信用数据应具有高度相关性和准确性，需严格限定其依据的信用数据来源。个人信用数据的发布也会对个人生活带来影响，需要有资质的专业人士确保报告的准确和可信。因此，从数据治理的角度看，征信行业宜从数据的收集、使用（变现）和发布三个环节进行重点管理，在保证数据安全和隐私保护的前提下，为中间的数据加工、共享环节以及对个人生活产生较小影响的其他使用场景的市场化运作，留出足够空间。

个人数据财产权益归属

个人数据财产权益归属的判定

明晰的数据权属是数据隐私保护的关键，是保证数字经济健康发展的前提，也是构建数据财产权益法律制度的首要环节。数据权属分为人格权益归属和财产权益归属两个层次。我国《全国人民代表大会常务委员会关于加强网络信息保护的决定》《消费者权益保护法》《网络安全法》《信息安全技术个人信息安全规范》等法律或标准确认了数据主体的同意、知情、修正、安全等权利。这些权利是基于人权的人格权益归属，明确了网络经营者收集、使用网络用户的个人信息必须要经过网络用户的同意。个人数据的侵权主要表现在侵犯隐私权、名誉权等方面，而在财产权益方面的主要表现为非法收集、共享或出售个人数据等。

对于数据的财产权益归属问题，目前学术界和实务界的争议较大，尚没有形成统一的认知。有的学者认为，网络用户对自身产生的、带有个人标识的原始数据享有所有权，而用户原始数据加工处理后形成的衍生数据的所有权由数据处理者拥有。有的学者则认为，网络用户产生的数据本身不具有价值，其产生价值的关键在于数据处理者对数据的挖掘和加工，应将数据的人格权益分配给个人，将数据的财产权益分配给企业。还有的学者认为，网络用户产生的数据具有个体性和公共性双重属性，可以通过设置"数据信托"的形式来实现数据主体与数据控制者之间权责利的均衡配置。目前，对于个人数据财产权益归属的判定尚未达成共识，主要还是由于缺乏一致的数据权属分配标准。

境外国家或地区经验借鉴

美 国

美国对于个人数据的规制属于强调私人财产权的市场导向模式。在市场导向下将数据权利定性为财产权，主要是基于包括涉及个人隐私等人格权益数据在内的所有数据被定义为个人财产的假设。在此情况下，自由市场中的企业仅仅是一个合法的交易伙伴，消费者作为一个理性的经济人，在市场中可以基于供需关系同意或授权将个人数据作为商品来进行交易。[1]针对消费者不清楚个人

---

[1] 于浩.我国个人数据的法律规制——域外经验及其借鉴［J］.法商研究，2020（06）.

数据的价值而盲目将其出售的情况，有学者提出了一些包括以产权为导向的权利和补救措施在内的高度监管的产权制度，如赋予数据出售主体享有要求数据收集的企业对框架协议进行解释阐明、对个人数据进行修正或者删除、企业承担针对个人隐私或敏感数据收集的预先通知、保密工作等。[①] 事实上，美国主要是通过损害数据主体的财产权利，用造成的侵权责任来救济数据主体。

欧　盟

欧盟的个人数据规制强调政府控制与干预，偏重个人数据的人权色彩，认为数据保护属于人权，核心含义是数据主体对数据有控制的权利，但没有在私法上将其作为类似物权一样的权利去确立。为了保护个人数据，欧盟议会于2016年通过了《欧洲通用数据保护条例》这一统领性条例，实施严苛且明确的公民同意规则，严格规制数据运营者。因此，欧洲主要是通过确定企业的数据处理规则及监管来救济数据主体的。

我国法律规制现状

目前，我国的法律法规仅对于企业收集、存储、传输、使用、

---

① 于浩.我国个人数据的法律规制——域外经验及其借鉴［J］.法商研究，2020（06）.

共享个人数据时应当遵守的行为规则做出了规定，但是，对于个人数据的权利归属、数字财产及交易、虚拟财产及交易等，现有法律体系还未完全涵盖，不少法律空白需要及时完善。在具体的法律规定上，目前，我国数据财产权属可以参照的相关规则散落在《知识产权法》《反不正当竞争法》《合同法》《消费者权益保护法》《全国人大常委会关于加强网络信息保护的决定》《网络安全法》《全国人民代表大会常务委员会关于维护互联网安全的决定》《民法典》等法律文本中，不够体系化。我国《民法典》第一百一十条将隐私权规定为"自然人享有的一项民事权利"；第一百一十一条规定，"自然人的个人信息受法律保护。任何组织或者个人需要获取他人个人信息的，应当依法取得并确保信息安全，不得非法收集、使用、加工、传输他人个人信息，不得非法买卖、提供或者公开他人个人信息"；第一百二十七条规定，"法律对数据、网络虚拟财产的保护有规定的，依照其规定"，对于数据和网络虚拟财产的保护进行了原则性规定，为个人信息保护法等制度的制定预留了空间。《民法典》从法律层面对个人信息、隐私和数据进行了区分，为数据权利预留了立法空间，并确立了数据的财产属性。

面对数据权属的热议与争论，再加上越来越普遍的数据交易的实践，立法界也做出了一些探索。如深圳市司法局于2020年7月15日发布了全国首个针对个人数据权属做出规定的地方性法规——《深圳经济特区数据条例（征求意见稿）》，面向社会公开征求意见。2020年年底，《深圳经济特区数据条例（草案）》（以下简称《条例》）在深圳市六届人大常委会第四十六次会议上首次提请审议。《条例》首次提出自然人、法人和非法人组织依据法律、法规和本《条例》的规定享有数据权，第四条规定，数据权是权利人依法对特定数据的自主决定、控制、处理、收益、利益损害受偿的权利；第十一条规定，自然人对其个人数据依法享有数据权，任何组织或者个人不得侵犯；第五十二条规定，数据要素市场主体对其合法收集的数据和自身生成的数据享有数据权，任何组织或者个人不得侵犯；第五十六条规定，数据要素市场主体以其合法收集的数据和自身生成的数据为基础开发的数据产品的财产权益受法律、法规和本《条例》的保护。

未来规制建议

未来，应区分包含用户个人信息的原始数据与网络平台处理加工成数据产品后的匿名数据集，坚持原始数据重在权利保护、增值数据重在自由流通的原则，对个人数据进行分级分类，兼顾个人、企业乃至公共利益的平衡，综合判定数据权属，以期达到个人数据的有效利用以及隐私保护最优的状态。从长远来看，我国有必要在立法上推进数据权属规范，统筹考虑数字经济形成的网络空间立法，制定一个法律体系的发展框架，以保障我国数字经济的健康发展。

个人数据隐私保护

个人数据隐私保护问题的产生

个人数据隐私保护问题的产生主要由于某些平台公司缺乏合规意识，破坏市场规律，滥用数据收集工具，在个人不知情的情况下采集个人敏感数据，以用于用户信用风险评价模型中。行业中广泛应用爬虫技术获取数据，采集内容主要包括：公开的第三方数据；抓取用户主动授权的个人基本信息、联系人信息、银行卡信息等数据；授权抓取数据，如设备号、IP地址、运营商或电商等用户授权后合规采集数据；经授权的平台数据，如用户在平台的历史借款、还款情况等用户已在注册协议或隐私协议中授权业务方进行分析的数据。除了部分数据公司可以获得用户授权外，数据机构行业还存在大量未获得授权爬取以及超出授权范围的爬取。有些平台公司利用爬取到的个人通讯录信息进行暴力催收，给社会带来了极大的不良影响。

境外国家或地区经验借鉴

美 国

美国的隐私权立法是自 1890 年起，从反对政府干涉个人生活、反对个人平静被报刊媒体打破开始逐步确立的。与欧洲不同的是，美国并没有特别强调存在一种数据方面的人权，而是通过判例和成文法逐步确认了个人生活不得被打扰、隐私必须遵守公平信息实践原则（Fair Information Practices，FIPs）[①]，美国没有出台类似欧洲那样统一、规范公私机构各种数据相关行为的数据保护法，美国《隐私权法》主要是规范政府权力，美国各州在金融、医疗等领域形成不同的隐私权保护方案，并且《联邦贸易委员会法案》中的"不正当或者欺骗性行为"的规定可以适用于商业活动中的数据保护。

作为个人数据隐私监管最为严格的国家之一，美国在联邦政府和州政府层面均出台了相关的法案。在美国从事经营活动的数据机构需要同时考虑其在联邦层面和所在州州政府层面的数据隐私合规问题。美国联邦层面和一些主要的州立数据隐私保护相关

[①] 该原则最早由美国卫生、教育和福利部（HEW）任命的数据自动化系统咨询委员会提出，对于企业处理个人信息过程中的个人权益和企业责任进行了原则性约定，包括公开性、限制性、数据质量、责任与安全和个人信息权利保护五项原则，是美国国会后来通过的《隐私权法》的基础。

法案及其规定分别见表 4.1 和表 4.2 所示。

表 4.1 联邦层面数据隐私保护相关法案

法案	法案特色	消费者数据隐私保护相关规定
《个人消费者金融保护署法案》（CFPA Act）	在联邦储备系统内设立了消费者金融保护局（CFPB）。其主要执行联邦消费者金融法，也拥有根据相关隐私条款发布规章、制定规则的权力	描述了金融机构向非关联第三方披露消费者非公开个人信息的条件；为消费者提供一种方法，以防止金融机构通过"选择不披露"向大多数非附属第三方披露该信息
《格雷姆-里奇-布莱利法案》（Gramm-Leach-Bliley Act，GLBA；P.L. 106-102）	指导金融监管机构实施披露要求和安全措施以保护私人信息	提出了基于隐私标准和安全标准的监管框架，以及基于隐私规则和保障规则的实施规则
《公平正确信用交易法》（FACT Act）	修订了《公平信用报告法》，要求监管机构制定身份盗窃准则	相关指导和法规概述了"可能存在身份盗窃的模式、做法和具体活动形式"。根据这项法案，联邦贸易委员会和联邦银行、信贷联盟和证券监管机构已被要求发布规章制度，以及管理客户信息处置的规章制度

表 4.2 州政府层面数据隐私保护相关法案

地区	监管机构	法案及内容
加利福尼亚州	州政府司法部	司法部有权根据 2020 年 1 月新颁布的《加州消费者隐私法案》（The California Consumer Privacy Act，CCPA）起诉违反相关规则的企业和机构。除了整体上的数据隐私法则外，CCPA 对于数据经纪商在注册登记方面有如下规定：在每年的 1 月 31 日或之前向加州司法部长登记；按总检察长确定的数额支付

续表

地区	监管机构	法案及内容
加利福尼亚州	州政府司法部	注册费；提供姓名、地址、电子邮件和网址进行备案；此外，当在加利福尼亚州注册时，数据经纪商可以选择提供有关其数据收集实践的任何附加信息或解释
佛蒙特州	州务卿处	2018年5月，佛蒙特州通过了第171号法案，规定在佛蒙特州开展业务的数据经纪商必须在州务卿处登记备案，需遵守最基本的数据安全标准，并制定全面的数据隐私保护方案
纽约州	州金融服务部	网络安全法规（23 NYCRR 500）条款规定金融机构须在纽约州金融服务部的监管下满足网络安全角度的风险评估，有效防止消费者金融数据泄露。法规规定，受监管的实体必须定期评估所面临的可能危害自身网络和信息安全以及非公开信息安全的风险，并根据上述风险评估的结果制定自身的网络安全保护策略
马萨诸塞州	州政府司法部	数据保护法则（201 CMR 17.00）规定所有接收、储存、保管和处理马萨诸塞州居民个人数据的实体机构都必须落实一个全面的书面信息安全计划（WISP），并且在机构中设立专门的项目组进行管理

欧 盟

欧洲的数据保护立法经历了一个数据保护写入人权宣言、欧盟1995年《关于涉及个人数据处理的个人保护以及此类数据自由流通的第95/46/EC号指令》（以下简称欧盟1995年指令）引导各国立法、2016年《欧洲通用数据保护条例》（以下简称GDPR）直接成为欧盟国内法的过程，并且欧洲立法对世界数据保护立法正在发挥更大的影响力。

GDPR增加了数据主体的数据移植权，即数据主体可以要求企业向其指定企业提供可机读的数据副本；完善了数据删除权，即在基于合同或者同意的数据关系中，数据主体可以要求企业删除其数据及副本、链接等；增加了针对数据侧写的保护，即对数据主体进行自动化打标签，并对其行为进行预测的活动做出限制，数据侧写最常见的就是我们手机上的那些基于大数据和算法的精准营销；要求企业对数据的影响进行隐私评估，且评估的要求贯穿立法始终；要求企业对数据实行默认和系统保护并加盖隐私印章；极大地提高数据违法的处罚力度；明确要求大型企业设立数据保护官（DPO）；在欧洲层面设立统一的数据保护监管机构——"欧洲数据保护委员会"；强化数据跨境保护及便利流动规定；等等。

我国法律规制现状

在数据保护法律体系现有设计方面，目前我国专门针对数据保护的顶层设计仍处于空白状态。我国现有法律层面的数据保护规则散见于《民法典》、《全国人大常委会关于加强网络信息保护的决定》（下称保护决定）、《网络安全法》、《全国人民代表大会常务委员会关于维护互联网安全的决定》（下称安全决定）与相关刑法及其修正案条文中。个人数据保护制度的主要结构如下。

第一，实行合法性、正当性、目的性原则，除法律另有授权，以同意为唯一前提，以最小必要为收集规则。保护决定第二点明确规定：收集、使用公民个人电子信息，应当遵循合法、正当、必要的原则，明示收集、使用信息的目的、方式和范围，并经被收集者同意。

第二，区分数据与信息两个概念。《民法典》第一百一十一条规定，自然人的个人信息受法律保护。任何组织和个人需要获取他人个人信息的，应当依法取得并确保信息安全，不得非法收集、使用、加工、传输他人个人信息，不得非法买卖、提供或者公开他人个人信息。《民法典》第一百二十七条规定，法律对数据、网络虚拟财产的保护有规定的，依照其规定。

第三，严格保障个人信息安全，不得泄露、篡改、毁损，不得出售或者非法向他人提供；发生信息泄露的，需要及时处理；非法买卖个人信息的要承担刑事责任（保护决定第二点、《民法典》第一百二十七条、安全决定第六点、刑法修正案七第七点）。此外，《民法典》第一百一十条和《侵权责任法》第二条和第六十二条还规定了隐私权的概念和医疗人员的隐私责任。《网络安全法》第四章网络信息安全部分对个人信息安全等内容做出规定。《网络安全法》第四十二条规定，网络运营者不得泄露、篡改、毁损其收集的个人信息；未经被收集者同意，不得向他人提供个人信息。但是，经过处理无法识别特定个人且不能复原的除外。即个人数据经过匿名化脱敏等相关处理后，必然不可逆推回原数据，脱敏后的个人信息不可识别出原数据主体。数据网络运营者应承担个人信息安全保障义务，出现问题时遵守针对用户和主管部门的双告知原则。

我国《个人信息保护法（草案）》目前正在公开征集意见阶段，里面对个人信息保护和利用做了很多细致的规定，它的出台将对合规企业充分利用数据和保护个人信息的平衡发挥重要作用。《个人信息保护法（草案）》在继承和发展了《民法典》《网络安全法》勾勒出的个人信息保护框架下，丰富了相关内容，顺应了加强个人信息保护的趋势，体现了全面系统地建设具有中国特色的个人信息保护基本制度的意图。《个人信息保护法（草案）》将个人信息界定为"以电子或者其他方式记录的与已识别或者可识别的自然人有关的各种信息，不包括匿名化处理后的信息"，并在信息主体同意之外增加了其他个人信息处理的合法基础，包括：为订立或者履行个人作为一方当事人的合同所必需；为履行法定职责或者法定义务所必需；为应对突发公共卫生事件，或者紧急情况下为保护自然人的生命健康和财产安全所必需等。此外，《个人信息保护法（草案）》还首次在法律层面提出了"个人敏感信息"的概念。以下对近几年来与数据保护相关的立法进程进行简单梳理，见表4.3所示。

表4.3 2012—2020年数据保护政策梳理

发布日期	监管政策及发布单位	主要内容
2012年12月28日	全国人民代表大会授权发布《全国人民代表大会常务委员会关于加强网络信息保护的决定》	首次以法律的形式明确规定保护公民个人及法人信息安全，建立网络身份管理制度，赋予政府主管部门必要的监管手段，对进一步促进我国互联网健康有序地发展具有重要意义
2013年7月16日	中华人民共和国工业和信息化部公布《电信和互联网用户个人信息保护规定》	该规定进一步明确了电信业务经营者、互联网信息服务提供者收集、使用用户个人信息的规则和信息安全保障措施等
2017年6月1日	全国人大常务委员会发布的《中华人民共和国网络安全法》（以下简称《网络安全法》）正式实施	这是中国第一部有关网络安全方面的法律，并将个人信息保护纳入网络安全保护的范畴，《网络安全法》第四章"网络信息安全"也被称为"个人信息保护专章"，在个人信息方面，该法律提出了个人信息保护的基本原则和要求，使后续的相关细则、标准有了上位法

续表

发布日期	监管政策及发布单位	主要内容
2018年5月1日	全国信息安全标准化技术委员会发布的《信息安全技术个人信息安全规范》正式实施	该规范作为国家推荐型标准，针对处理个人信息的各类组织（包括金融机构、企业等），提出了具体的保护要求，可定位为我国个人信息保护工作的基础性标准文件，为今后开展与个人信息保护相关的各类活动提供参考，为制定和保护个人信息保护相关法律法规奠定基础，为国家主管部门、第三方评测机构等开展个人信息安全管理、评估工作提供指导和依据
2019年3月1日	App专项治理工作组发布《App违法违规收集使用个人信息自评估指南》	该指南的发布，主要是为App运营者"收集使用个人信息的情况"提供自查自纠的参考，帮助其主动提升个人信息保护水平
2019年5月28日	国家网信办发布《数据安全管理办法（征求意见稿）》	该办法的出台，在《网络安全法》的基础上，对网络运营者在"数据收集、数据处理、数据监督"等方面提出了详尽的操作指南，同时针对公众关注的"个人敏感信息收集方式、广告精准推送、App过度索权、账户注销难"等问题做出了直接回应，为机构落实数据安全合规政策提供了切实参考
2019年5月13日	国家标准化管理委员会发布《信息安全技术——网络安全等级保护基本要求》（等保2.0）	等保2.0国家标准的发布，是具有里程碑意义的一件大事，将等级保护对象范围在传统系统的基础上扩大到云计算、移动互联、物联网、大数据等，对等级保护制度提出了新的要求，标志着国家网络安全等级保护工作步入新时代
2019年6月1日	全国信息安全标准化技术委员会发布《网络安全实践指南——移动互联网应用基本业务功能必要信息规范》	该规范在《网络安全法》的基础上，首次对信息安全中的"最少够用"原则做出了明确指引，为识别相关App服务的基本业务功能及必要信息提供了共识基础。在《个人信息保护法》发布之前，该规范在"App个人信息使用边界"问题上提供了一个很好的实践指南

第四章　信贷领域的风险与法律问题

续表

发布日期	监管政策及发布单位	主要内容
2019年6月13日	国家互联网信息办公室发布《个人信息出境安全评估办法(征求意见稿)》	该办法作为《网络安全法》的下位法，界定了个人信息出境的行为，明确了网络运营者和个人信息接收者的职责，细化了个人信息出境安全评估的内容。其对保障个人信息安全、规范个人信息出境依法有序地流动，具有重大的指导意义
2019年8月23日	中央网信办正式发布《儿童个人信息网络保护规定》	该规定作为我国首部针对儿童网络领域个人信息保护的专门性立法，是在国家依法惩治利用网络从事危害未成年人身心健康活动过程中不断推进儿童个人信息网络法律保护的重要举措，对保障未成年人网络空间合法权益具有里程碑式意义
2019年11月28日	国家互联网信息办公室、工业和信息化部、公安部、市场监管总局联合发布《App违法违规收集使用个人信息行为认定方法》	该办法为认定App违法违规收集使用个人信息行为提供重要参考，标志着App数据收集进入强监管时代，不仅为监管机构，更是为众多App运营商，特别是缺乏合规支持的App运营商在进行产品服务设计时提供了一个较为清晰的合法性审查方向
2019年12月27日	中国人民银行发布《金融消费者权益保护实施办法（征求意见稿）》	在该办法中，金融消费者数据保护问题被重点提及。其中规定：金融机构收集、使用消费者金融信息，应当遵循合法、正当、必要原则，经金融消费者明示同意。金融机构不得收集与业务无关的消费者金融信息，不得采取不正当方式收集信息，不得变相强制收集消费者金融信息
2020年2月5日	全国信息安全标准化技术委员会发布《信息安全技术移动互联网应用（App）收集个人信息基本规范》征求意见稿	继2019年8月第一轮征求意见稿之后，修订稿再次公布，新增了旅游服务、住宿服务、网络游戏、在线影音、儿童教育、电子图书、拍摄美化、应用商店、网络直播9个服务类型的最小必要信息和最小必要权限范围，为监管部门提供评估与监督检查的依据，同时也为App运营者等相关企业收集个人信息提供合规的依据与标准

续表

发布日期	监管政策及发布单位	主要内容
2020年2月13日	中国人民银行正式发布《个人金融信息保护技术规范》	该规范将个人金融信息按敏感程度、泄露后造成的危害程度，从高到低分为C3、C2、C1三个类别；同时，规定了个人金融信息在收集、传输、存储、使用、删除、销毁等生命周期各环节的安全防护要求，从安全技术和安全管理两个方面，对个人金融信息保护提出了规范性要求，属于金融机构的"准强制性标准"
2020年3月7日	全国信息安全标准化技术委员会发布国家标准《信息安全技术 个人信息安全规范》2020版	该规范为推荐性国家标准，不具有强制执行力，但其能够对互联网企业的个人信息处理活动具有重要引导作用，尤其在规范中针对"个人信息收集不透明、强制和捆绑收集个人信息现象严重、个性化推送侵犯用户自主选择权、第三方隐秘收集信息缺乏控制、账号注销难、对生物识别信息的滥用和泄露频发"等实践中个人信息保护疑难问题做出了有力回应，对指导个人信息控制者建立个人信息保护体系和完善个人信息保护等方面有着重大意义
2020年3月30日	全国信息安全标准化技术委员会发布《网络安全标准实践指南——移动互联网应用程序（App）个人信息安全防范指引（征求意见稿）》	本实践指南依据法律法规和政策标准要求，基于相关评估工具数据统计近期疫情防控App发现的问题，给出了当前App个人信息保护合规的常见问题和防范策略，建议App（含小程序）运营者和疫情防控App参考本实践指南，采取相应措施持续提升个人信息保护水平
2020年7月3日	第十三届全国人大常委会审议《中华人民共和国数据安全法（草案）》并在中国人大网公开征求意见	草案的发布，是我国数据时代的重要一步。作为数据保护领域的重要立法，草案凝结了立法者对于数据安全与国家、经济、社会安全关系的基本认知，同时尝试从上位法角度对围绕不同类型数据展开的处理活动进行安全层面的总体规范，并明确数据安全法律责任，法律效力强

续表

发布日期	监管政策及发布单位	主要内容
2020年7月22日	全国信息安全标准化技术委员会发布《网络安全标准实践指南——移动互联网应用程序（App）收集使用个人信息自评估指南》	该指南依托《网络安全法》，结合《App违法违规收集使用个人信息行为认定方法》，在《2019版指南》的基础上进一步完善和补充了评估细则，对App收集个人信息时的行为合理性进行了明确，供App运营者自评估参考，帮助其持续提升个人信息保护水平
2020年10月21日	中国人大网公布《中华人民共和国个人信息保护法（草案）》全文，并对其公开征求意见	作为首部专门规定个人信息保护的法律，《个人信息保护法》将成为个人信息保护领域的"基本法"，其中明确了以"告知—同意"为核心的个人信息处理的一系列规则，明确了国家机关对于个人信息的保护义务，使我国对个人信息的保护进入了一个崭新的阶段

未来规制建议

从长远来看，应完善数据收集、使用、保存、销毁管理和消费者隐私保护方面的法律规定，健全数字规则，进一步出台与消费者数据的保护和使用相关的法律法规，并加强相关法律的执法和司法。在行业立法方面，应进一步加快推动我国《个人信息保护法》和配套立法的出台进程。如有必要，应成立一个具有实施能力和执法权力的独立的个人数据监管机构，专门负责对相关数据收集、处理、使用等行为进行审查和日常监督，从而约束平台公司更为规范地从事数据获取及分析服务。

企业数据共享

网络平台数据共享存在的问题

根据《中国数字经济发展白皮书（2020）》，我国数字经济规模占 GDP 的比重已经达到 36.2%，数字经济已经进入高速发展阶段，数据是数字经济最为基础和核心的要素。一方面，数据即资源，促进数据共享，以高效利用，发挥最大价值，避免数据只停留在各企业内部形成数据孤岛对于我国经济的发展具有重要意义。另一方面，数据共享面临着数据安全、用户隐私泄露的风险。目前，个别网络平台的《隐私权政策》中强行加入了第三方数据共享条款，存在共享信息用途描述模糊、重点条款没有做特殊提示、条款默认用户不可以修改、是否共享个人信息的选择权形同虚设等问题。业界大型公司普遍采用多方安全计算、隐私枢纽等技术手段以期望在合法合规的前提下实现数据共享，但也面临技术门槛高、安全性难以验证等问题，同时买卖个人信息、肆意侵犯个人隐私等违法行为依然很严重。因此，需要对数据共享和数据保护提供更加精细的法律规定。

境外国家或地区经验借鉴

根据欧盟 2018 年 4 月 26 日发布的《欧洲企业数据共享研究报告》，企业数据正在通过五方主体，以数据或者货币为对价进行交换，五方主体包括：以数据换数据的企业、以数据换货币的企业、在平台上分享数据的企业、为平台企业提供数据分享支持的技术企业、主动公开数据的少数大企业。2020 年 11 月 25 日，欧盟发布数据共享新规，提出一系列旨在促进跨境数据流动的提案，如允许新型数据中介机构充当数据共享组织者，以加速数据在成员国之间流通，但对企业共享数据，特别是敏感数据，要求企业采取严格的措施来保护这些数据。此外，2020 年 2 月，欧盟委员会提出了"信托项目"的新政策构想，计划于 2022 年开始实施。这个新政策指通过一种称为"数据信托"的机制为个人数据创建一个泛欧市场。数据信托是一个管理员，代表客户管理其数据，并对其客户负有信托责任。[1] 在这个机制下，全球的技

---

[1] Anna Artyushina. The EU is launching a market for personal data. Here's what that means for privacy.（多伦多约克大学博士研究生安娜·阿尔秋申：《欧盟正在启动个人数据市场，这对隐私意味着什么？》）https://www.technologyreview.com/2020/08/11/1006555/eu-data-trust-trusts-project-privacy-policy-opinion/?itm_source=parsely-api.

术机构将不被允许收集和储存个人信息，所有的个人信息都会存储在公共服务器中，并由数据信托进行管理。这个新机制将会从根本上降低个人数据隐私泄露的风险。美国《消费者隐私权利法案》规定，企业应该对第三方企业进行调查，调查其使用用户数据的目的、方式、范围等，以及是否赋予用户相应的数据权利。

我国法律规制现状

目前，我国企业数据共享相关的法律规定主要参见《网络安全法》《电信和互联网用户个人信息保护规定》《信息安全技术个人信息安全规范》等现行规定，其中，我国《网络安全法》规定：网络产品、服务具有收集用户信息功能的，其提供者应向用户明示并取得同意；网络运营者不得泄露、篡改、毁损其收集的个人信息，未经被收集者同意，不得向他人提供个人信息；任何个人和组织不得窃取或者以其他非法方式获取个人信息，不得非法出售或者非法向他人提供个人信息。为了进一步贯彻落实《网络安全法》的上述规定，全国信息安全标准化技术委员会制定发布了《信息安全技术个人信息安全规范》，该规范定义了个人信息和个人敏感信息的范围，并且针对个人信息的委托处理、共享、转让、公开披露等行为，提出了具体的细化要求，规定："个人信息原则上不得共享、转让。个人信息控制者确需共享、转让时，应充分重视风险，并遵守相应的要求。"此外，我国《数据安全法（草案）》中规定了"数据安全、自由流动原则"。

未来规制建议

针对网络企业共享用户个人数据行为的规制，建议如下。

第一，互联网企业应事先取得用户个人的授权同意，做好用户充分知情同意的保障措施。可通过设置用户强制阅读、做好重点条款的特殊提示等方式，达到使用户充分知情与同意。

第二，详细阐明共享信息的相关细节。如共享个人信息的具体目的与方式、个人信息的类型及内容、数据接收方的身份等，可增加相应示例，给用户以直观感受。

第三，单设向第三方共享用户个人信息的条款。对于用户需要使用第三方服务而应由平台进行共享与传输的个人信息，应单独告知，设立条款。

第四，互联网企业应采取保护个人权利的有效措施，准确记录和保存个人数据共享情况，并告知个人数据接收方的储存、使用情况，以保障个人的合法权利。

第五，互联网企业应明确共享个人信息过程中各方应承担的责任和义务。互联网企业应做好安全保障措施，负责对信息传输、共享过程进行严格的安全监测，对共享信息的数据接收方做好资质筛选，并对其信息保护工作进行监督和管理，通过合同或其他方式明确数据接收方应满足的数据保护要求。同时，可借鉴美国《消费者隐私权利法案》《个人信息保护法》中的规定，共享信息的企业对数据接收方履行信息调查的义务。

信用风险评估模型中的算法监管

算法问题现状

算法是大数据时代的基础，在信贷客户推荐、信用风险评估与定价等方面具有广泛的应用。随着算法应用广度和深度的不断推进，人们开始关注算法歧视、算法透明度、算法问责等算法伦理问题。算法歧视是指针对某些人群的差别化对待，这种歧视隐含在算法中，主要通过信用评估分数来体现。算法歧视主要来源于数据的选择性偏差，与训练模型时"投喂"的数据样本有着很大的关系。如果数据偏差持续存在，基于某个偏差的算法歧视在系统的线上迭代过程中会被不断强化，这将引起极高的误判风险，并会导致一系列的伦理问题。算法透明度是指设计方的算法预测模型应当在何种程度上公开，以评估算法的实用性、公平性、政策判断取向等价值问题。通常，若算法的透明度很低，科技公司则很容易利用算法强化其竞争优势，并延伸到其他领域。

境外国家或地区经验借鉴

美　国

美国针对算法歧视的规制措施分为原则性方式和特定性方式两种。原则性方面，美国使用传统歧视的平等保护条款对算法歧视进行规范，主要涉及的法律有《公平信用报告法》和《民权法案》。特定性方面，美国陆续出台了针对特定机构、特定高风险算法的规定，从数据源、技术性脱敏、部署控制等方面采取措施。信用机构和金融机构均受这些规则的限制，具有申报流程等义务。此外，地方也有一些针对性的监管机构以及法律，如2018年1月17日纽约通过的"1696法案"，以及依据此法成立的"算法问责特别工作组"。

美国的联邦贸易委员消费者保护局创建了技术研究和调查办公室，负责在数个主题中进行独立的研究和提供指导意见，其中就包括算法透明。此外，美国计算机协会公共政策委员会对算法的透明化和责任推荐了一套原则，具体包括意识原则、进入和救济原则、责任原则、解释原则、数据出处原则、审核原则、证实和测试原则，目的是既可以对算法的创新发展实现最小化伤害，又可以发挥算法决定的好处。①

---

① 李振利，李毅. 要反互联网垄断，还得从算法共谋谈起. https://finance.sina.com.cn/tech/2020-12-12/doc-iiznezxs6575466.shtml.

英　国

英国是世界上第一个针对算法歧视设立专门机构以展开应对措施的国家，其监管方针也从原则性和特定性两方面入手。在原则性方面，除了《反歧视法案》外，算法歧视还在英国法律中违反了现行的《数据保护法案》。在特定性方面，针对人工智能算法歧视的监管主要由英国政府特别设立的数据伦理和创新中心（Centre for Data Ethics and Innovation，CDEI）联合内阁中的英国内阁办公室种族差异中心以及英国信息专员办公室（Information Commissioner's Office，ICO）进行，以调查研究金融服务中算法决策应用的潜在歧视问题。在具体措施上，2019年3月，CDEI发布了第一个年度工作计划和战略，同时，ICO也发起了"人工智能审查框架"项目，旨在研究审查人工智能应用的方法，以保证其透明、公平；为在合法范围内使用和创新人工智能提供指引。

欧　盟

针对算法歧视的监管，欧盟主要使用人权部门引导的反歧视监管以及以数据保护法为核心的数据应用规则。欧盟的GDPR中对算法歧视做出了原则性和特定性的规定。原则性方面，GDPR要求机构公开其使用个人数据进行的一切活动，包括金融机构使用个人数据的算法。同时，GDPR提倡"以人为本"为核心推动AI技术开发和使用。特定性方面，GDPR的第22章中对于个人信贷的信用评估方面算法做出了具体规定，明确表明个人具有不被一个完全由算法产生的决定所约束的权利。也就是说任何组织不得使用完全自动化的决策框架，生成可能对客体产生重要影响的决定。2019年，欧盟委员会在《可信的人工智能道德准则》中指出透明度是人工智能系统的七个关键要素之一。最近，各国在热议的监管规制措施中，算法透明化及其产生的效果承担责任成为焦点。

新加坡

新加坡主要通过一些指导性方针帮助加强相关领域的行业自律性和道德规范。2018年11月，新加坡金融管理局（MAS）发布了"FEAT原则"，以促进在金融领域使用人工智能和数据分析（Artificial Intelligence & Data Analytics，AIDA）的公平（Fairness）、道德（Ethics）、问责制（Accountability）和透明度（Transparency）。2019年11月，MAS宣布与多家金融机构共同设立Veritas计划框架，帮助金融机构评估AIDA解决方案，保证其遵循FEAT原则，以加强金融服务行业的内部治理、对人工智能的应用以及数据的管理和使用。此外，新加坡个人信息保护委员会还提出《人工智能监管框架范例》，该框架对人工智能的使用原则做出了规定，要求人工智能做出的决定应该是可解释的、透明的、公平的；人工智能系统应该是以人为中心的，着重强调了算法歧视的问题。

我国法律规制现状

2018年起，我国网信部门开始逐步将算法、人工智能、互联网和数据使用全面纳入监管范围，但是，在算法歧视与算法公平方面的规制，我国相对于国外而言仍然较为薄弱，在政策与法规层面的规定较少。目前我国尚未颁布专门的、算法规制方面的法律法规，仅在《网络安全法》《电子商务法》等法律中规定了与算法相关的条款。如《网络安全法》第十二条规定："任何个人和组织使用网络应当遵守宪法法律，遵守公共秩序，尊重社会公德，不得危害网络安全，不得利用网络从事危害国家安全、荣誉和利益，煽动颠覆国家政权、推翻社会主义制度，煽动分裂国家、破坏国家统一，宣扬恐怖主义、极端主义，宣扬民族仇恨、民族歧视，传播暴力、淫秽色情信息，编造、传播虚假信息扰乱经济秩序和社会秩序，以及侵害他人名誉、隐私、知识产权和其他合法权益等活动。"为算法设定了法律与道德底线，将网络安全观扩展到算法价值观之上。《电子商务法》第四十条规定："电子商务平台经营者应当根据商品或者服务的价格、销量、信用等以多种方式向消费者显示商品或者服务的搜索结果；对于竞价排名的商品或者服务，应当显著标明'广告'。"该法律首次将个性化推荐的消费者权益保护写入法律，以保障消费者的自主选择权和公平交易权。

未来规制建议

对于未来信用风险评估模型中的算法监管问题，主要有如下建议。

一是应将算法监管纳入平台监管中。为防止产生歧视，从数据的角度看，可在算法模型中构建歧视检测机制。

二是应加强对于算法的符合伦理性的审查。善用算法审计，要求企业重视算法设计过程中的"可审计性"，即把"可审计性"在开发阶段就"融入"算法，以防止算法的不当使用对金融消费者利益的损害。

三是可建立道德委员会等机构。负责考察数据收集、处理、使用及相关的算法规则是否符合道德要求，帮助塑造和提高算法开发的透明度。

四是可综合考虑各种因素，建立分级的监管体系。对于适合公开的，要求其公开源代码或核心算法；对于涉及商业机密等因素不适合公开的，可规定其委托第三方专业机构出具审查报告或提供自我审查报告。

五是强化对于算法的法制监管。将无差别不歧视、尊重个人隐私等原则纳入对算法的法律规制之中；通过立法手段强调企业数据决策系统的可追溯与可复盘，保障算法的透明度，做好相关的信息公开披露，以提升公众的知情权和选择权。

六是除通过法律层面进行禁止规定之外，还应加强实践领域中的监管。

平台公司垄断

平台公司垄断问题的产生

平台公司是指提供网络平台服务的、具有独立法人资格的经济实体，是网络平台的经营实体。平台公司一般既是网络平台的提供和运营者，同时自身也是网络平台的使用者。它们依托网络平台直接提供服务，主要的业务模式包括 B2B、B2C、C2C、O2O、P2P、P2B、P2F、网络小贷等。

除此之外，大多数情况下平台公司还会作为业务中的商家或金融机构的一方参与其中，并且与平台上的其他商家或金融机构有竞争或合作的关系。同时，依托网络平台提供服务的其他商家或金融机构在网络平台上的营销、宣传等活动也会间接地构成对网络平台的运营，因此，网络平台因为多用户群体的参与而逐渐社区化。平台公司在这个社区中扮演管理员的角色，这十分容易造成其垄断的地位，大到不能倒（Too Big to Fail），甚至是太过连接广泛而不能倒，以至于其他参与方都围着平台公司转，或者在平台公司的夹缝里求生存。这在一定程度上不利于创新与公平竞争，并损害了公众利益。

境外国家或地区经验借鉴

美 国

在反垄断方面，美国政府从2019年就开始加大对科技企业的监管力度，从国会、政府以及相关机构方面接连地向包括谷歌、亚马逊、脸书和苹果在内的几大科技巨头提出诉讼，调查其利用企业规模操控市场、打压对手以及操纵消费者等行为。目前，国际上关于垄断方面的监管惩罚措施主要局限于罚款，其中监管最严格的欧盟委员会在近十年来依据《反垄断法》和《加州消费者隐私法案》等法律向科技巨头们收取了不菲的罚款。虽然监管者一致认为，对科技巨头来说，罚款的惩罚力度过小，无法起到足够的威慑作用，但是，由于科技巨头的规模巨大、渗透性强、影响力广，可以说为社会带来了一定程度上的良性效益。当前，监管者们依然难以在数据垄断行为的界定和惩罚措施上达成共识。美国反垄断小组委员会主席大卫·西西里尼提出拆分一些科技巨头公司，但也有监管者指出即使经过了拆分，这些公司的相关业务依旧互相联系。这不仅对削弱力量不会起到任何实质性的帮助，还有可能给消费者带来诸多不便。

在并购方面,美国近年开始加大针对纵向合并的关注,以防企业通过打通上下游、滥用或者交换敏感信息做到深度的行业垄断,从而做出提高成本、进行排他交易等严重损害消费者权益的行为。2020年1月10日,美国司法部(DOJ)与联邦贸易委员会(FTC)发布新《纵向合并指南(草案)》,并撤销1948年发布的《非横向合并指南》[①]。除此之外,美国也开始加大对科技巨头在过往未受监管的信息披露力度,如FTC要求科技巨头披露过去十年无须在美国申报的全部交易信息。

欧 盟

在平台企业垄断方面,欧盟主要以《反垄断法》和GDPR为基准进行监管。自2016年以来,欧洲反垄断执法机构实施了一系列新举措,以对大数据持有者和处理者适用竞争法。受到调查和处罚的大数据公司涉及各行各业,包括谷歌、脸书、苹果等巨头企业。除了以往的反垄断相关条例,欧盟开始在外商投资制度、企业合并等方面加大了监管力度。在并购方面,欧盟主要关注涉及数据库合并、消费者信息整合的一些并购案,如脸书收购What's App(瓦次普)等。

---

① 薛熤,谷田,陈德文.纵向合并竞争分析新框架——简评美国2020《纵向合并指南(草案)》[EB/OL]. http://www.zhonglun.com/Content/2020/01-21/1637170905.html.

英 国

在反垄断方面，英国金融行为监管局（FCA）具有金融领域的反竞争执法权力，其配合英国竞争与市场管理局（CMA）展开一系列反垄断调查。与欧盟和美国相似，英国反垄断机构近年来在消费者大数据使用方面加大了监管力度，发布了许多指导性的方针，并展开了大量的调查。早在 2015 年，CMA 就发布了一份关于"消费者数据的商业使用"的报告。CMA 重点列出了由大数据收集引起的、潜在的反竞争效果，特别是科技公司凭借其收集的数据获得市场支配力，并随后使用其支配力，阻止或限制获取使用消费者数据的途径来排除其他市场竞争者。FCA 专门针对市场零售保险业等行业提出要求，要求其提供所收集的大数据信息，以判断这些企业是如何利用大数据竞争的。[1]

我国法律规制现状

自 2008 年 8 月 1 日《反垄断法》实施以来，我国的反垄断法律体系不断完善。但是，随着近年来互联网平台经济的蓬勃发展，基于传统反垄断法规，采用一般原则已较难处理依托互联网平台产生的新型业态的垄断问题。国家市场监督管理总局

---

[1] Joe Day. European Antitrust Enforcers Move on Holders of Big Data [EB/OL]. https://www.jonesday.com/zh-Hans/european-antitrust-enforcers-move-on-holders-of-big-data-chn/european-antitrust-enforcers-move-on-holders-of-big-data-chn.

于 2020 年先后公开了《反垄断法修订草案（征求意见稿）》《关于平台经济领域的反垄断指南（征求意见稿）》征求公众意见，《反垄断法修订草案（征求意见稿）》规定："认定互联网领域经营者具有市场支配地位还应当考虑网络效应、规模经济、锁定效应、掌握和处理相关数据的能力等因素。"《关于平台经济领域的反垄断指南（征求意见稿）》对平台经济等相关概念进行了界定，并从垄断协议、滥用市场支配地位行为、经营者集中、滥用行政权力排除、限制竞争五个方面对平台经济垄断行为进行了具体规定。

未来规制建议

在网络平台形成垄断地位后，必须限制运营该平台公司的权限。反垄断应该是反平台公司的垄断，平台公司不可利用自身的垄断地位，限制打压其他公司合理利用该平台上的业务。对于平台公司业务层面的不正当竞争和垄断行为，建议改革《反垄断法》，明确数字经济下平台企业的垄断认定，加强对垄断行为的事前、事中审查。对于平台公司的数据垄断问题，建议使用立法手段来避免彻底的排他性数据屏蔽和调整数据独占权的平衡度，比如强化数据共享，鼓励平台公司开放数据 API；建立数据资产、数据产品的评估与交易新机制，促进数据的市场流通等。

第五章

大数据在风控征信领域的应用

党的十九届四中全会提出了"要健全具有高度适应性、竞争力、普惠性的现代金融体系，有效防范化解金融风险"，这句话体现出了党中央对于构建现代金融体系和解决金融安全问题的高度重视。金融科技包括金融大数据技术，作为现代金融体系中不可或缺的关键要素，是当前金融市场创新的主导驱动力之一。

2020年4月发布的《中共中央国务院关于构建更加完善的要素市场化配置体制机制的意见》，更体现出了党中央和国务院通过顶层设计的形式，将数据纳入国民经济生产要素的重要定位，并且提出推进政府数据开放共享、提升社会数据资源价值、加强数据资源整合和安全保护的三大政策方向。

相较而言，目前我国对于金融科技和数据要素的重视程度和政策力度已处于全球主要经济体的领先水平。但是，在具体行业的应用与实践上，对比世界先进水平我国仍然存在一定的差距。随着中国移动互联网的快速发展，如何将传统的政府数据、金融业务数据与互联网时代的海量用户场景行为大数据高度融合；如何在数据要素赋能的社会经济的过程中，提升互联网金融大数据的价值和服务实体经济的质效，促进金融大数据行业的可持续稳健发展等问题还有待解决。针对这些问题，本章尝试从我国金融科技背景下，大数据技术在金融风控与征信领域的场景应用现状出发，结合全球主要发达国家包括欧盟和美国的部分领先实践和未来发展趋势，对于我国金融科技大数据在风控和征信行业的应用、数据安全治理、个人隐私保护与监管合规方面的挑战，以及对于当前我国金融大数据在跨行业数据共享和融合应用发展中所面临的突出难题和困局的根源进行了深入分析，并且针对这些突出的行业现状问题和关键挑战给出了相应的解决方案和建议。

金融科技公司大数据发展概况

概念定义

金融科技

金融科技是"Finance + Technology"的缩写。这个概念最初诞生于美国,目前对其确切的定义尚无最终定论,其中几种典型的定义解释如下。

第一,全球金融稳定理事会(FSB)对于金融科技的定义为:金融科技主要是指由大数据、人工智能、云计算、区块链等新兴前沿技术带动,对金融市场以及金融服务业务供给方式产生了重大影响的新兴业务模式、新技术应用、新产品服务等。目前国内有人基于此定义,也将金融科技中所涉及的主要技术称为"ABCD":A(AI,人工智能)、B(Blockchain,区块链)、C(Cloud Computing,云计算)、D(Data,大数据)。

第二，维基百科对其定义为：金融科技是指一系列企业运用科技手段使金融服务变得更高效而构成的一种经济产业。

第三，中国人民银行在《金融科技发展规划（2019—2021年）》中，对金融科技的定义是技术驱动的金融创新。我们要秉持"守正创新、安全可控、普惠民生、开放共赢"的原则，充分发挥金融科技赋能作用，推动我国金融业高质量发展。

总结来看，金融科技是将互联网、移动通信等新兴技术作为服务金融业的重要手段，主要是为了提高金融活动的整体效能，因此，金融科技的本质是信息科技技术在金融领域与金融活动中的应用。

金融科技与互联网金融的区别

金融科技是信息技术手段，而互联网金融是一种金融活动形式。

第一，虽然两者都是以提高金融效率和降低成本为目的，但是金融科技是以科技技术手段为驱动力，重点在于技术变革，是用大数据、人工智能、区块链等一系列的前沿技术去为金融机构服务。

第二，互联网金融是金融与互联网的结合形式，本质上是一个金融渠道的拓展，是通过互联网渠道实现金融商业模式的便捷性。

金融科技——全球性大型技术公司

在 2017 年 10 月巴塞尔银行监管委员会（BCBS）发布的工作论文《金融科技的发展对银行和银行监管者的启示》里，首次从国际组织的官方角度对"金融科技"进行了定义，其中认为"金融科技"指的是拥有数字技术优势的全球性大型技术公司，它们通常直接面向消费者用户提供搜索引擎、社交网络、电子商务或数据存储和处理等 IT 平台，并为其他公司提供基础设施服务。

这里针对金融科技技术在金融风控与信贷领域的应用进行研究与探讨，也主要是以金融科技"ABCD"中的"D（大数据）"技术为应用研究对象，围绕互联网平台的大数据以及与大数据紧密关联的"A（人工智能）"的模型和算法技术，通过在互联网金融平台与为传统金融机构服务的风控信贷业务领域的应用实践及其相关的问题、挑战和对策建议来展开阐述。

全球金融科技发展环境

从政策支持来看，各国均出台政策大力扶持大数据产业发展

从全球范围来看，世界各国均十分重视金融科技包括大数据的应用发展，欧美等发达国家政府及相关机构出台了一系列支持和推动金融大数据产业发展的政策措施。

美国作为金融科技和大数据技术的发源地，其大数据技术的发展一直走在全球最前列。自20世纪以来，美国先后出台了一系列的法律法规，对数据的收集、发布、使用和管理等做出了具体的规定。美国政府宣称："数据是一项有价值的国家资本，应对公众开放，而不是将其禁锢在政府体制内。"2009年，美国政府推出了政府数据开放平台（Data.gov），方便应用领域的开发者利用平台开发应用程序，满足公共需求或创新创业。2010年，美国国会通过更新法案，进一步提高了数据采集的精确度和上报频度。2012年3月，美国政府推出了《大数据研究与开发计划》。大数据始终是美国金融科技高速发展的重要推手。

英国是欧洲的金融中心。2013年，英国投资1.89亿英镑促进大数据技术的应用发展。2015年，新增7 300万英镑，创建了"英国数据银行"（Data.gov.uk）网站。2016年，伦敦举办了超过22 000场科技活动，同年，英国数字科技投资逾68亿英镑，收入超过1 700亿英镑。另外，英国统计局积极利用政府公共数据资源来开展"虚拟人口普查"，仅这一项每年就为英国节省了5亿英镑经费支出，大数据目前已经成为英国作为欧洲金融中心的领先科技之一。英国金融行为监管局（FCA）成立了专门部门，对金融科技进行产业政策支持和引导，同时大力推动监管科技应用，提出"监管沙盒"理念，积极发展金融科技产业的应用创新并同时提升金融科技的监管能力。而且，英国财政部提出了"金融科技振兴"策略，对于金融科技创新企业给予一定的税收优惠。

在亚洲，新加坡政府在2015年和2016年分别设立了"金融科技和创新专家组"及"金融科技署"，牵头制定了金融科技与大数据产业发展战略，强化了对金融科技和大数据相关业务的扶持力度，并启动了 2 700 万新元（约 1.32 亿元人民币）规模的产业基金来促进金融科技领域的大数据分析与人工智能技术的发展。

从竞争影响来看，金融科技大数据技术重塑了全球金融行业竞争新格局

在全球金融科技大数据的众多应用领域中，金融科技大数据技术在支付和借贷领域的金融科技应用最为广泛。毕马威（KPMG）发布的"2018 全球金融科技 100 强"企业榜单中，支付企业有 34 家上榜，占据主导地位；借贷企业有 22 家上榜，排名第二位，企业数量远远领先于其他领域的企业数量。同时，分析 2018 年全球金融科技领域前十大融资项目可以发现，支付或交易类项目占一半，相关领域的投融资热度仍在持续。这与金融科技对于支付和信贷领域的支持密切相关联，大数据风控技术作为征信信贷领域的技术赋能也成为金融科技技术在金融行业的热点应用。

我国金融科技大数据发展的环境与特点

在政策支持上，我国政府比欧美各国更加重视大数据产业的应用拓展

与世界其他主要国家一样，中国政府高度重视金融科技与大数据技术的发展与应用拓展。国务院印发的《新一代人工智能发展规划》专门提出了"智能金融"的发展要求，指出要建立金融大数据系统，提升金融多媒体数据处理与理解能力，创新智能金融产品和服务，发展金融新业态。工信部印发的《大数据产业发展规划（2016—2020年）》，明确将"金融"列为大数据应用的重点行业领域之一。

2017年5月，中国人民银行成立专门的"金融科技委员会"，定位于"金融科技工作的研究、规划与统筹协调"，致力于"做好金融科技发展战略规划和政策指引，加强金融科技工作的信息共享和协调，密切关注金融科技发展的动向和潜在风险"。同时，在成立金融科技相关机构的同时，2017年6月，中国人民银行发布《中国金融业信息技术"十三五"发展规划》，明确提出要"加强金融科技和监管科技研究与应用"。

2020年4月，中共中央国务院发布了《关于构建更加完善的要素市场化配置体制机制的意见》，从此数据被中央从顶层设计纳入了国民经济生产要素，并且倡导坚持积极推进政府数据开放共享、提升社会数据资源价值、加强数据资源整合和安全保护等重要政策方向。

在应用创新上，我国金融科技大数据市场发展居于全球领先地位，在移动支付和网络信贷领域发展突出

首先，在资本市场，我国整体金融科技产业的投融资规模实现快速增长，2018年中国金融科技投融资相比2017年大幅增长。相关报告显示，2018年中国金融科技投融资达到205亿美元，约等于中国金融科技2013—2017年投融资的总和，中国金融科技产业在资本市场表现十分突出。

其次，中国金融科技与大数据发展的领先地位不仅体现在资本市场，在金融科技公司发展方面和互联网大数据用户规模方面，我国与欧美国家相较也同样优势明显。其中，大数据服务在移动支付和网络信贷领域的发展最为突出。以手机支付为代表的新型移动支付已经成为中国消费者应用最普遍的支付方式。近年来，我国移动支付持续保持着快速增长的态势，2018年我国移动支付交易规模达到了277.4万亿元，较2017年同期增长了36.7%，居全球首位。另外，由于我国互联网的飞速发展，互联网信贷领域的交易规模呈现出了迅猛增长态势。2011年中国互联网信贷交易规模为96.7亿元，2017年已经增长为28 048.48亿元，增长了近290倍。

我国金融科技大数据具有自身独特的发展特点

随着中国消费互联网的迅猛发展，中国的金融科技与大数据发展在创新应用层面已经处于全球领先地位。在经过前期的爆发式增长后，行业发展在规范化和标准化方面的滞后性已经越发突出，尤其是在P2P网贷、数字货币等领域的违规风险不断累积的背景下，出现了一系列对社会经济影响极为不良的金融风险事件。在此情况下，国家不断强化对于金融科技和大数据领域的政策监管，针对移动支付、网络借贷等金融科技热点领域出台了一系列的监管强化政策。总体来看，中国的金融科技与大数据产业目前正在逐步进入更加规范化的发展阶段。另外，由于中国的金融科技与大数据的发展应用已经处于世界领先地位，因此，目前也造成了我国很难再完全照搬和借鉴欧美发达国家管理经验的现状，更多的时候需要我们自己摸索蹚路，不断从创新发展和监管合规两个角度同时来升级现有的管理理念、体系方法和管理技术。

从我国金融服务的分布与实际现状来看，这些年中国的金融科技与大数据技术应用的确得到了长足的发展。但是，传统的金融服务明显覆盖不足，相对于欧美发达国家完善的传统金融服务体系，我国金融服务一直以来存在门槛高、普及率低和供给不足等问题。特别是在金融最为基础和影响面比较广的征信和信贷服务领域，小微企业、中低端收入人群的金融服务需求一直没有得到有效满足。这些问题一方面制约了金融服务在我国社会经济发展中的积极作用，但另一方面也为金融科技与大数据应用释放大量潜在需求创造了条件。相对于传统金融服务，金融科技与大数据应用带来了更加快捷便利的金融服务渠道，金融服务成本大为降低。以移动支付和网络信贷为代表的新型互联网金融服务模式，是中国的金融科技公司最初切入金融服务领域的主要业务模式，在此模式下实现了业务的快速发展和大规模的普及。

金融科技公司
介入金融业务的节点和驱动力

金融科技公司介入金融业务的节点分析

　　从我国金融科技在金融行业应用的深度和变革影响来看，除了国家政策方面的扶持外，大部分的金融科技与大数据公司本身也是典型的互联网公司。移动支付是国内互联网企业最早介入金融业务的入口。头部的互联网平台企业，通过其早期的互联网平台和移动支付入口，汇集了大量的互联网用户，依托流量优势和用户黏性，形成了互联网用户的各种日常消费场景，同时，结合互联网平台所提供的多元化业务服务（例如支付、电商、社交等）形成了生态圈，最终积累了海量多维的各种类型的用户数据。在此基础上，这些互联网企业再利用其自身长期所积累的流量、场景和数据闭环优势和技术优势，准确分析用户的行为习惯偏好与金融类需求，开展大数据风控、获客与信贷等金融相关产品服务的精准营销。同时，随着对于用户需求的深入理解，吸引更多的用户群体，从而形成了"黑洞"式吸附效应的互联网金融服务自循环结构。

从金融科技公司介入金融业务的前后顺序和技术演变路径上，总体上可以分为以下三个阶段：

阶段一：从移动支付切入，形成金融业务场景闭环。

阶段二：以信贷科技赋能，催生金融数据风控获客。

阶段三：以理财科技提效，增强金融资产配置能力。

从国内金融科技公司介入金融业务的节点和技术支撑体系来看，从基础设施层到技术支持层再到产品应用层，主要可以从以下三个层面来进行分析，如图 5.1 所示。

产品应用层	第三方支付、互联网贷款、互联网理财、互联网保险
技术支持层	信用体系、风控体系、智库体系
基础设施层	A、B、C、D

图 5.1 金融科技公司切入金融业务的技术支撑体系

资料来源：中国人民银行金融科技研究院。

第一，四大技术"ABCD"：围绕金融科技所包含的主要四类前沿技术展开。

第二，三类支撑体系：信用体系、风控体系、智库体系。

第三，"4+N"产品应用层（业务领域）：第三方支付、互联网贷款、互联网理财、互联网保险及其他更多业务应用场景。

在整个金融科技支撑体系中，智库体系的技术更多是指 AI 智能化辅助决策能力。除此以外，风控信用体系是整个金融科技中，支撑金融业务领域与金融活动的核心技术支持层，也是国内的金融科技公司为自身及金融机构提供金融科技与大数据技术支持服务的关键业务。与此同时，风控信用体系和监管合规，是直接影响我国的金融科技能否健康合规发展的直接影响因素。因此，这里主要将重点围绕金融科技与大数据技术在我国风控信用体系建设领域的应用现状、问题和主要挑战进行分析并给出相应的对策建议。

金融科技公司介入金融风控业务的驱动力分析

我国的金融科技公司介入金融风控业务领域，除了有前述分析的国家政策方面的鼓励和扶持以外，从本质的市场驱动力来看，主要还是需求侧与供给侧满足了市场化的需求。从需求侧来看，金融机构自身面临严峻的数字化转型与生存发展的压力。特别是对于银行长期以来一直服务比较薄弱的"长尾用户"的覆盖，从而内在产生了对于外部风控能力补充的需求。从供给侧来看，主要是随着一系列新兴金融科技技术的飞速发展，金融科技公司的技术能力与数据积累也得到了极大的提升。金融机构客户的痛点需求，进一步驱使金融科技公司积极地去拥抱行业风控服务的机会，一方面可以产生可观的利润，另一方面也可通过服务金融机构，继续扩大其互联网的目标用户群体和丰富各类数据生态圈的建设，从而实现业务的良性闭环循环。

从需求侧来看，金融机构自身的数字化转型压力催生了内在风控需求

作为市场经济中的重要主体，商业银行在金融体系内始终占据最重要的位置。但是，由于受到经济形势低迷、监管政策收紧、互联网金融对银行传统业务的侵蚀等影响，银行的利润率持续性走低。在经济下行的形势下，非金融部门杠杆率高，银行机构普遍面临不良率提升的巨大压力，特别是对于那些风控能力相对薄弱的银行机构，不良贷款问题更为突出。

为了改善发展现状，适应用户习惯的改变，银行开始加大线上转型力度。随着传统金融机构服务的线上化，对于大数据金融智能风控的需求也更为迫切。数据与技术是风控的基础，在数据匹配、风险审核、风险监测等环节起着至关重要的作用。在金融数字化转型的过程中，数据丰富化、动态化地调动结合智能技术手段，大大提升了金融机构的风险控制效率。也因此涌现了一批以大数据和人工智能技术为核心资产并对外输出服务的第三方大数据风管服务商，它们在一定程度上拓宽了传统征信所不能覆盖的人群，降低了数据获取的门槛，同时借助金融科技技术，让金融机构审批的效率得到了大幅提升。

在整个金融科技浪潮的影响下，银行业也在不断探索新的业务模式，其本质的需求和目的，都是通过使用先进的科技技术来为用户提供更加便捷和更加优质的服务。因此，在银行业的数字化转型压力的格局下，我国第三方大数据风控服务行业也得到了高速发展。

从供给侧来看，新兴技术服务能力的提升反向驱动了大数据风控行业的发展

随着云计算、大数据、人工智能和区块链等新兴技术的快速发展，金融科技应用具备了充分的技术基础条件。云计算的集中存储和按需调用模式，能有效提升金融行业 IT 系统能力；大数据是金融行业的基础资源，基于大数据的计算分析是目前金融服务开展的核心能力支撑；人工智能可以有效提升金融智能化水平，降低服务成本，助力普惠金融；区块链技术具备公开、不可篡改和去中心化的技术属性，以及改变金融基础服务模式的巨大潜力。

在数据积累方面，随着我国消费互联网的高度渗透，个人生活呈现出"在线常态化"的特征。个人在使用互联网应用中，在即时通信、搜索引擎、网络购物、网上支付、网上银行、出行预订等方面积累了大量的行为数据，为大数据风控的发展提供了丰富的原始基础。在大数据技术方面，在数据存储和管理、计算处理、数据分析、可视化等问题上，每年都会涌现大量新技术与应用结合的商用化落地，其不断降低大数据分析成本，同时也提高了数据的可靠性和有效性。

我国金融科技与大数据技术的飞速发展，大大地推动了技术应用创新。针对市场需求与业务痛点，金融科技公司在不断探索中创新变革，正逐步将金融科技与大数据技术的价值链全方位嵌入客户多元化的场景中，满足了端对端的客户金融需求，推动了金融与科技生态的融合共进。

但是，除此之外，金融科技公司在服务金融机构和继续扩大

其平台数据生态圈建设的过程中,也产生了一系列的问题和风险,例如数据安全治理与监管合规、对于数据的确权、流转、交易、平台垄断与个人隐私保护以及对于跨行业数据要素的共享与融合安全应用等。

金融科技大数据在风控征信领域的应用价值

目前,我国的金融科技大数据在风控征信领域的应用主要是在借贷领域。以贷前风控为例,大数据技术可以帮助金融机构将与客户有关的数据信息进行全量汇聚分析,识别可疑信息和违规操作,强化对于风险的预判和防控能力,在使用更少的风控人员的条件下,带来更加高效可靠的风控管理能力。

在防范应用场景风险方面,第三方大数据风控服务提供商可以针对每一类欺诈行为,提供多种反欺诈保护和防范安全风险,为金融机构提供风控一站式服务平台,涵盖信用评估、信用评分、反欺诈和贷中预警等业务,并进行规则设置和实时预警风险,打通贷前审批、贷中管理、不良催收等关键业务环节,帮助客户有效管控信贷风险。

总体来看,大数据技术的发展为银行和金融机构的风险控制管理提供了新的思路和新的技术手段,通过对接征信大数据及线上风险评估等活动,银行在简化放贷流程的同时,也达到了风险规避的效果。在贷款中后期,银行能在账户分类管理的基础上提取账户行为特征,对客户进行全方位评估并判定风险类别,通过大数据技术建立实时风险监控系统，增强风险监控的灵活性与准确性，以此实现对风险的有效把控。目前大数据技术已成为银行风险管理的重要手段，为银行的风险识别、风险预警及风险评估等环节提供可靠保障，能够有效地提升银行的全生命周期客户风险管控和信贷决策效率。

提升风控管理能力，助力国家普惠金融战略

用好大数据等新技术能提高金融业的风险识别与服务能力，帮助银行和其他金融机构更有效地把资源配置给真正有发展潜力者，特别是中小微企业。

金融科技是新一轮科技革命的重要组成部分，不仅影响金融以及通过金融影响实体经济，也直接服务于实体经济，甚至通过改造实体经济能够倒推金融变革。金融科技在支持国家创新驱动发展、助力普惠金融发展等方面意义重大。以金融科技为代表的金融创新是中国金融崛起的新路径。金融科技和第三方大数据风控服务行业的发展，与国家推动大数据技术产业创新发展、构建以数据为关键要素的数字经济的战略相辅相成。

降低金融服务成本，提升征信评估决策效率

金融科技降低了金融服务门槛和成本，让更广泛的"长尾客群"能够享受到更多、更优质的普惠金融服务。

在传统风控模式下，银行等金融机构运用人工线下的方式进行信审，借助中国人民银行征信中心的个人或企业征信报告构建

信用评分卡，辅以信审人员专家经验来判断客户的信用情况。随着社会的进一步发展，特别是在大力推行普惠金融的大背景下，个人和企业有着不同的资金需求。

传统风控模式主要依靠央行征信数据、企业财务报表或其他等作为信用评估的重要依据，存在一定的弊端。由于我国存在大量信用"白户"，众多有贷款需求的人群还没有被征信覆盖，中小微企业的贷款申请需依靠金融机构客户经理的尽职调查。对于金融机构，传统风控已经无法满足它们对于风险管理的精准度、效率值以及成本的需求。对于客户，传统风控也无法满足它们对于资金到账的及时程度和需求的多样性，而且很多客户因为征信报告披露信息不足而被金融机构拒之门外。

对于这一部分未能被征信有效覆盖的人群，大数据风控服务商可以帮助金融机构通过社交、缴费、税务等多维度的海外数据，刻画用户画像；作为信用评估的重要补充，可以对没有任何信用记录的人群进行风险审查，从而实现对更大消费群体的覆盖。

增强自动化交易流程，促进产品服务的创新升级

大数据风控服务商为金融机构及非金融机构提供多种大数据应用技术，如评分模型、风险标签、实名认证、人像比对、银行卡姓名核验、手机号核验、身份证核验、决策引擎、线上动态反欺诈模型等，可以帮助解决金融交易各个环节的痛点，实现风控流程线上化，大幅度提升运营效率。

大数据分析还可以帮助金融机构实现以大数据技术为基础，

针对场景提供动态化的决策建议,从而更精准地对市场变化做出反应。借助大数据技术,金融机构能够获得更加立体和完整的客户画像,及时了解客户已有需求,并挖掘潜在需求,推出与之相匹配的产品和服务。另外,大数据技术能够实时追踪信息变动情况,及时更新客户画像,提高金融机构的产品升级速度。金融科技应用让金融服务更加关注客户体验,持续根据客户需求的变化进行产品的快速迭代优化,实现传统金融服务所不具备的个性化和差异化服务体验。

金融科技公司大数据
在风控与征信行业的应用

党的十八大以来，党中央和国务院将数据要素和社会信用体系建设提升到了前所未有的高度并持续加以推进，国务院、人民银行以及国家各相关部门已经出台了一系列的政策和文件要求，提出构建适应高质量发展要求的社会信用体系和新型监管机制，完善征信行业发展长效制度，推进信用信息共享，健全覆盖全社会的征信体系，培育具有全球话语权的征信机构和信用评级机构，目前已经从顶层设计、组织机制、社会信用信息归集共享等众多方面不断取得了突破性的进展。

另外，基于数据要素为生产力这一现实，并且从金融科技大数据在风控和征信行业的具体应用现状和整体发展情况看到，目前我国的整体大数据风控与征信服务市场和机构发展仍然较为缓慢，那些制约我国大数据风控与征信行业发展的体制和机制问题依然存在。例如，对于我国大部分的"肥尾人群"居民以及大量的中小微企业还普遍缺乏完整的征信评价体系和征信记录，对于他们的贷款需求和融资难的问题长期没有得到根本性的解决。与此同时，在企业、金融机构和政府等多个方面的合力也难以形成。目前，我国在大数据风控与征信行业发展所面临的突出问题和挑战，主要表现在以下几个具体方面。

一是数据治理与数据安全配套的法律法规与行业标准体系还不完善。对于征信行业的突出问题的具体表现，是可信的征信数据源的有效覆盖面明显不足，特别是对于中小微企业的征信数据严重缺乏和不完善、数据信息不透明、资金流转不公开等问题广泛存在。目前，国内征信行业长期普遍存在征信数据"不好用、不敢用、不安全、怕担责"等实际应用痛点问题，对于可信的征信数据源的覆盖面、精确度与可信度等问题亟须解决。

二是数据资产的确权、流转与价值交易界定标准不清。目前数据资产的价值已得到市场的普遍认可，成为数据供给企业和征信机构重要的资产组成部分。但作为最新品类的"数据知识产权"，与大多数知识产权一样，在资产的产权归属、评估体系等重要问题上，尚未形成行业标准，因此也限制了数据资产的确权、交易、流转授权和形成真正的产业价值。

三是征信行业缺乏数据共享和跨行业数据融合应用的安全保护机制。虽然目前各级政府部门和互联网等企业都建立了众多的信息系统，但同时各自为政形成了大量的"数据孤岛"，而部分流出数据的使用又缺乏安全保障。整体来看，征信大数据体系面临严重的数据割裂、平台数据垄断、数据滥用和隐私信息保护与合规问题等，亟待建立数据在互通共享、融合应用以及数据安全保护方面的共认机制、行业标准和行业实践。

虽然这些问题都是发生在大数据风控与征信行业的问题，但是如果我们继续深入分析这些行业具体问题与挑战的根源，进行其行业的普遍性分析就会发现，所有这些问题与挑战的背后，都绕不开数据治理与数据安全保护体系。由于在大数据时代，人人都是大数据的制造者，也随时可能成为受害者，因此，如何解决大数据安全治理保护和大数据发展之间的冲突关系，是整个金融科技大数据技术创新合规发展与实现产业应用价值的核心问题。为保证金融科技大数据技术的合规合法应用，需要全社会各界包括政府（G）、企业（B）和消费者（C）的共同努力，从法律、技术和市场等多个层面来推动我国金融科技大数据及时规范高效和安全有序地健康发展。

数据治理和数据安全保护是核心问题

  大数据时代是机遇与挑战并存的时代。大数据技术在行业进行应用推广的过程中，必须坚持安全与发展并重的方针，为大数据发展构建安全保障体系，在充分发挥大数据价值的同时，积极解决数据安全和个人信息保护问题。目前，数据治理与数据安全保护已经成为全世界各个国家和地区普遍面临的突出难题。数据垄断、数据泄露、个人隐私信息安全保护也成为世界各国亟须解决的共性难点问题。

  从法律和法规保护层面，目前世界各国均普遍加强了对数据治理和数据安全的法律保护，包括美国、欧盟和中国在内的世界主要国家和组织都制定了数据治理与安全保护相关的法律法规和政策来推动大数据的合法利用和安全保护。但由于各国历史文化以及经济发展的差异，不同国家在隐私安全保护方面的法律规定也各不相同。相对来说，欧盟国家奉行的是通过严格的立法对个人数据的流动、处理进行保护。美国奉行的是灵活的保护策略，通过行业自律机制配合政府执法保障从而保护隐私。目前，我国越来越重视对于个人信息的法律保护，并且在借鉴了不同国家和地区的法律法规基础上，相关的立法完善工作正在稳步展开。

虽然近年来我国数据安全治理体系的建设有了一定发展，但是，仍然存在监管立法不完善、政策落实难度大、数据安全保护不到位、消费者安全保护意识不足等诸多问题。以下将重点从全球主要国家和地区包括欧盟、美国和中国的数据治理与数据安全相关法律法规与行业规范内容及影响等方面进行具体分析，为我国的数据治理与信息安全体系建设的发展方向提供一些建议。

欧洲：严格法律保护

欧盟个人信息保护法起源于隐私权，与信息技术的产生和发展密切相连。在欧盟个人信息保护法的发展历程中，经历了分别以 1981 年《个人信息保护公约》为主要表现形式、1995 年《个人信息保护指令》为主要表现形式、2016 年《欧盟通用数据保护条例》和 2016 年《刑事犯罪领域个人信息保护指令》为主要表现形式的三个阶段，最终提高了欧洲个人信息保护法律的协调一致水平和个人信息保护的力度。总体来说，欧洲在保护个人信息方面成效显著，这与欧盟采用严格的法律法规来加强信息保护不无关系。

欧盟 GDPR 基本概况

随着全球化和新技术的发展，欧盟现有的数据保护框架开始变得难以适应大数据带来的新挑战。为了应对数字时代个人数据的新挑战，并确保欧盟规则的前瞻性，欧盟委员会谋求建立新的法律框架，于2016年4月27日通过了《通用数据保护条例》（GDPR），此条例于2016年5月24日生效并于2018年5月25日实施。为配合GDPR的实施，2017年12月18日，欧盟又发布了根据GDPR制定的"同意指南"和"透明度指南"，对GDPR中的"同意"和"透明度"进行了详细解释，并就这两项"指南"征求了公众意见。

GDPR的目的是在当今快速的技术变化中，加强对欧盟所有人的隐私权保护、物联网的隐私权保护，并且简化数据保护的管理。GDPR替换了1995年《个人数据保护指令》（DPD），在处理个人数据的原则、合法处理数据要求、被遗忘权、儿童等特殊人群的数据处理等方面做了严格的规定，对个人信息的保护及其监管达到了前所未有的高度，成为史上最为严格的个人数据保护法案。

主要内容

相比于DPD，GDPR具有更强的包容性和适应性，目的是成为未来欧盟个人数据保护法的核心和主要规则。较之于以前的数据保护规定，该条例在数据主体的权利、控制者的义务、数据传输规则等方面发生了明显的变化。

第一，构建新型个人信息行政管理机制。在大数据时代，对于加强信息管理及个人信息权利保护的要求日益迫切，欧盟及其成员国均建立了专门的个人信息保护机构，负责个人信息保护的协调、行政管理和执法工作。GDPR从管理机构、管理模式和管理方法三个方面对个人信息保护行政执法机构的管理方式做了改革创新：设立欧洲信息保护委员会并升级欧洲信息保护局工作战略、建立欧盟内个人信息保护一站式管理服务模式、实施风险等级差异化管理方法。

第二，全面保障个人对其信息的控制权。当下，大量个人信息的开放催生了不少新兴产业。但是，个人信息流转的多元复杂性也导致我们日益丧失了对个人信息的控制权。GDPR力图通过完善和细化个人信息权利，用以全面保障个人对其信息的控制权。主要包括以下几个方面：完善个人信息的范围；收集和处理个人信息必须获得个人明确的许可；个人随时有权要求信息控制者删除其个人信息；确保个人可以便利地查询和转移其信息；通过完善的救济等措施确保个人信息权利的实现。

主要影响

为应对大数据时代的发展需求，GDPR对DPD做出了许多改革。GDPR通过提高用户同意的要求、新增被遗忘权、数据可携权等规定，强化了数据主体的权利；为数据控制者增设了数据泄露告知、任命数据保护官员（DPO）、进行隐私影响评估（DPIA）等义务。与此同时，大幅扩展了GDPR的适用范围，加大了对违法行为的惩处力度，强化了对数据保护的监管及起诉机制。可以预期的是，GDPR将在国际社会产生深远影响及示范效应。

美国：倡导行业自律

美国对个人信息的保护起步比较早，实行联邦立法与行业立法的保护模式是由其宪政模式决定的，美国风行私人化宪政模式，认为权利是属于公民的，国家权利是通过私领域的授权而存在的，私领域与公领域是对立关系，即公领域越扩张就会导致私领域越萎缩。因此，对于商务等行业，政府也采取了一贯的立场——不阻碍、不限制，但是也不完全放任自流。严格来说，是采取了政府引导下的行业立法模式，联邦立法是条，行业法案是块，两者结合得较好，比较完整地组成了美国的个人信息保护制度。

1974年12月31日，美国参众两院通过了《隐私权法》，该法又称《私生活秘密法》，是美国行政法中保护公民隐私权和了解权的一项重要法律。该法就政府机构对个人信息的采集、使用、公开和保密等问题做出了详细规定，以此来规范联邦政府处理个人信息的行为，平衡公共利益与个人隐私之间的矛盾。

美国《隐私权法》的主要内容

第一，行政机关不应保有秘密的个人信息记录；第二，个人有权知道自己被行政机关记录的个人信息及其使用情况；第三，为某一目的而采集的公民个人信息，未经本人许可，不得用于其他目的；第四，个人有权查询和请求修改关于自己的个人信息记录；第五，任何采集、保有、使用或传播个人信息的机构，必须保证该信息可靠地用于既定目的，合理地预防该信息的滥用。

美国《隐私权法》的主要影响

美国是行业自律模式的倡导者，它主要采取政府引导下的行业自律，规范行业内个人信息处理行为，同时通过分散立法，辅助行业自律的实施。为了鼓励、促进信息产业的发展，对网络服务商采取比较宽松的政策；通过商业机构的自我规范、自我约束和行业协会的监督，实现个人信息的安全，并在隐私保护和促进信息产业发展之间寻求平衡，以保证网络秩序的安全、稳定。美国以《隐私权法》为基本法，指导不同行业针对性法律的建立，包括《消费者网上隐私法》《儿童网上隐私保护法》《电子通信隐私法案》《金融隐私权法案》《健康保险隐私及责任法案》等。

中国：专门法持续加强

我国政府历来重视个人信息的保护，并通过相关立法予以规制，《宪法》《刑法》《民法通则》《侵权责任法》《治安管理处罚法》以及其他规章和规范性文件中，都强调对个人信息的保护。《网络安全法》是我国第一部专门的个人信息保护法，具有里程碑式的意义；它是我国网络安全法治建设的一个重大战略契机，网络安全也从此有法可依。信息安全行业将由合规性驱动过渡到行业合规性和法律强制性驱动并重的阶段。

数据安全国家标准现状

在大数据应用推广的过程中，必须坚持安全与发展并重的方针。为大数据发展构建安全保障体系，在充分发挥大数据价值的同时，合理解决当前面临的数据安全和个人信息保护问题。大数据安全标准是大数据安全保障体系的重要组成部分，国家高度重视大数据安全及其标准化工作，并将其作为国家发展战略予以推动。基于国内外大数据安全事件及标准化现状，参考大数据安全标准化需求，结合未来大数据安全发展趋势，全国信息安全标准化技术委员会构建了如图 5.2 所示的大数据安全标准体系框架。其中的数据安全类标准主要包括个人信息、重要数据、数据跨境安全等安全管理与技术标准，覆盖了数据生命周期的数据安全，包括分类分级、去标识化、数据跨境、风险评估等内容。

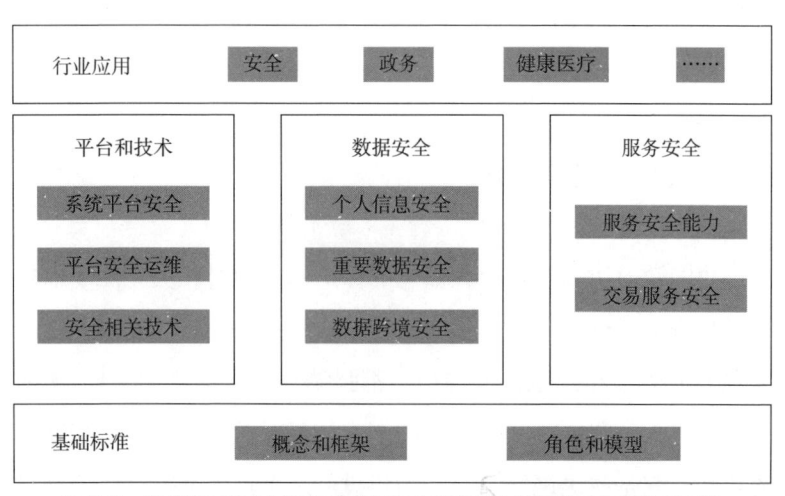

图 5.2　全国信息安全标准化技术委员会构建的大数据安全标准体系框架

个人信息安全治理方面

近年来，随着互联网经济、互联网社交等新业态的普及，越来越多的系统和平台开始收集个人信息，并对个人信息进行存储、处理，甚至交换。个人信息的非法收集、泄露、滥用等已成为社会关注的焦点问题，个人权益严重受损情况屡见不鲜，甚至出现了很多与个人信息滥用有关的违法犯罪活动。

《网络安全法》完善了个人信息保护规则，规定了公民个人信息保护的基本法律制度。为了支撑《网络安全法》的落地，从数据治理与数据安全保护角度出发，亟须制定个人信息保护相关的安全标准，定义个人信息和个人敏感信息，规范个人信息收集、存储、处理、使用和披露等各个环节中数据操作的相关行为，并制定配套的风险评估和技术实现支撑标准，对个人信息处理生命周期中的风险进行评估并提供个人信息去标识化的技术、方法和流程。旨在遏制个人信息的滥用乱象，最大限度地保障用户合法权益和社会公共利益。

关于个人信息安全的国家标准主要有《个人信息安全规范》《个人信息去标识化指南》《个人信息安全风险评估指南》。

个人信息安全规范方面

2016年7月全国信息安全标准化技术委员会牵头组织制定了国家重点标准《个人信息安全规范》。

《个人信息安全规范》细化了《网络安全法》的有关规定，规范了个人信息收集、存储、使用、披露、转让等活动应当遵循的原则和具体的安全要求。

《个人信息安全规范》提出并阐释了国际通行的八大个人信息安全基本原则，包括预防伤害原则、目的明确原则、选择同意原则、最少够用原则、质量保证原则、确保安全原则、主体参与原则、公开透明原则，具体见表5.1所示。

表 5.1 八大个人信息安全基本原则及其说明

原则	说明
预防伤害原则	对所控制的个人信息的安全保护负有主要责任,并采取适当的措施避免对个人信息主体合法权益造成的损害
目的明确原则	应具有合法、正当、必要、明确的个人信息处理目的
选择同意原则	应向个人信息主体明示个人信息处理目的、方式、范围及自身的安全能力,征求其同意;个人信息主体有权就上述事项做选择性同意
最少够用原则	除与个人信息主体另有约定外,应只处理满足用户同意的目的所需的最少信息类型和数量。目的达成后,应及时根据约定删除个人信息
质量保证原则	在处理个人信息的过程中,应确保个人信息的准确性、真实性、时效性、可用性
确保安全原则	应具备与所面临的安全风险相匹配的安全能力,并采取足够的管理措施和技术手段,确保所处理的个人信息安全
主体参与原则	应向个人信息主体提供访问、更正、删除其个人信息的渠道,以及撤回同意、注销账户等方法
公开透明原则	应以明确、易懂和合理的方式公开处理个人信息的范围、目的、规则,并在必要时接受外部监督

《个人信息安全规范》在阐释个人信息控制以及个人信息处理时必须遵循的八大基本原则之外,对个人信息收集、存储、使用、披露、转让等活动应遵循的安全要求也进行了明确的规范,简述见表 5.2。

表 5.2　个人信息管理的安全要求

过　程	要　　求
个人信息收集	个人信息收集最小化要求；个体信息主体选择同意的权利；征得个人信息主体的授权同意；征得授权同意的例外；隐私政策的内容；隐私政策的发布方式；个人信息收集的质量
个人信息存储	个人信息存储清单；个人信息存储时间最小化；个人信息的存储安全；去标识化处理
个人信息使用	个人信息访问控制措施；个人信息的使用限制；个人信息访问、更正、删除；主体撤回同意、主体注销账户、主体获取个人信息副本；约束信息系统自动决策；响应个人信息主体的请求；投诉管理；委托处理
个人信息共享、转让、披露	个人信息共享、转让、披露的基本要求；个人信息共享；个人信息转让；个人信息披露；平台服务提供者管理责任；个人信息跨境传输要求
个人信息安全事件	安全事件应急处置和报告；安全事件告知
组织的管理要求	明确责任部门与人员开展；个人信息影响评估；人员管理与培训；安全审计

从标准的主要内容可以看出，《个人信息安全规范》主要是规范个人信息控制者与个人信息主体之间的关系和保障个人信息主体自主决定自己信息的权利。《个人信息安全规范》严格规范了个人信息控制者的个人信息处理活动，以不损害个人信息主体的合法权益为最低要求，在符合法律法规的要求下，遵循最少够用、透明公开、获得用户授权同意等根本原则进行个人信息处理活动，保障个人信息安全。

主要影响：《个人信息安全规范》细化了《网络安全法》的有关规定，提出了个人信息收集、存储、使用、披露、转让等活动应当遵循的原则和具体的安全要求，是我国个人信息保护工作的基础性标准文件，为今后开展与个人信息保护相关的各类活动提供了依据；为制定和实施个人信息保护相关法律法规奠定了基础；也为国家主管部门、第三方评测机构等开展个人信息安全管理、评估工作提供了指导和依据。

数据分类分级规范

随着国家大数据发展战略的实施及"互联网+"行动的深入推进，大数据资源价值不断提升，相关行业的大数据应用也在蓬勃发展。这些大数据应用涉及的数据量大、种类多，同时又包含很多与用户相关的重要数据，因此，在存储、处理、传输等过程中面临着诸多的安全风险，随之而来的管理和监控的挑战也越来越严峻。数据开放应用创造价值与个人信息保护之间的矛盾，成为大数据应用发展过程中亟待解决的问题。

国家高度重视对大数据的安全管控，"十三五"规划、《网络安全法》、《国家网络空间安全战略》和信息安全标准委员会的《大数据安全标准化白皮书》中，分别明确指出需要建立大数据安全管理制度，采集数据资源需分类分级管理，以全面保障大数据的安全。目前，包含数据分类分级内容的国家标准主要有《大数据安全管理指南》与《电信和互联网大数据安全管控分类分级实施指南》。《大数据安全管理指南》简要概述了数据分类分级的原则、要素和方法，《电信和互联网大数据安全管控分类分级实施指南》主要针对电信和互联网领域数据实施分类分级安全管控提出了具体的指导方法。

《大数据安全管理指南》简要概述了数据分类分级的原则、

要素和方法,数据分类分级安全管控主要包括数据分类、数据分级、数据分级管控三个方面的内容。简述见表5.3所示。

表5.3 数据分类分级的原则、要素和方法

类 别	原则方法	说 明
数据分类	数据分类原则	科学性原则、稳定性原则、实用性原则、扩展性原则
	数据分类方法	基于数据主体、主题、行业,按行业设计的数据属性、类型特征以及安全保护需求进行分类
数据分级	数据分级要素	组织应根据数据安全目标和数据安全违背后潜在的影响分级数据
	数据分级方法	组织应对已有数据或新收集的数据进行分级,数据分级时需要由组织的业务部门领导、业务专家、安全专家等共同确定
数据分级管控	数据分级保护要求	涉密信息的处理、保存、传输、利用按国家保密法规执行,组织应根据收集、存储和使用的数据范围,结合自身行业特点制定组织的数据分类分级规范

《电信和互联网大数据安全管控分类分级实施指南》首先明确了电信和互联网大数据分类分级的原则,然后在该原则的指导下将电信和互联网涉及的数据分成了三类,并根据数据管理及开放过程中的敏感程度对各类数据所属详细子项进行了定级,共分为极敏感级、敏感级、较敏感级和低敏感级四级。针对数据对外开放的场景,提出了不同级别数据在对外开放形态上应实施的安全管控措施。针对数据内部管理的场景,以及不同级别的数据围绕数据的生命周期,明确了大数据采集、传输、存储、处理、使用和销毁环节应分别采取的安全管控措施。

不同行业的数据应用具有不同的特点,所涉及的数据重要性、敏感度也因政策环境、行业环境的不同而存在差异。对数据进行

分类分级的管控，既能达到对重要数据资源保护的目的，又能避免对数据的"过度保护"造成的不利于大数据应用健康发展的问题，实现大数据应用与个人权益保护的有效平衡。《大数据安全管理指南》《电信和互联网大数据安全管控分类分级实施指南》是贯彻落实"十三五"规划、《网络安全法》中数据分类分级管理要求在电信和互联网中实际应用的重要依据，为其他大数据业务应用的安全展开提供了参考。

公民个人身份认证 ID 介绍

目前，全球包括欧盟在内的部分欧美发达国家，除了从法律层面完善以外，也均强化了数据治理与数据安全保护技术体系层面的建设，特别是对于公民个人身份数据的合规监管，相关技术的创新应用正在积极地探索中。例如，欧盟 GDPR 严格的隐私保护要求可对违规企业进行高达全球收入 4% 的金额的罚款。但问题是，通过相关的数据分析发现，在违规数据整理、分析和再利用等各个过程中，有 75% 的数据是涉及个人的身份认证 ID（Identity Data，身份数据）。因此，如果要想解决个体数据的安全和未来流转与共享问题，当务之急是要先解决 ID 的合规管理。

众所周知，在数据领域元数据至关重要，元数据是了解一个数据集的基础。ID 合规，可以快速地从元数据角度进行数据分析，数据安全合规管理将无须任何语言或元数据依赖就可以发现数据存储中的 ID 身份关系，并且可以将各种隐私法规集成其中，自动发现数据集中的隐私信息，更好地帮助用户自动进行个体数据监管。

公民身份认证 ID 体系所解决的主要有以下问题。

一是解决隐私保护问题。首先，可以从合规的角度完成自动化合规及监管报表，识别分级的隐私数据，并且根据个体身份、居住地、应用场景等进行分类归集并生成数据清单。其次，可以根据监管法规的要求进行数据关系映射，例如《网络安全法》、ISO（国际标准化组织）或 GDPR 等，配置相应的监管要求。

二是增强安全管理。对隐私数据进行自动化处理，使敏感数据可用但不可见。对现有数据防泄露手段进行增强，具备更加精准的 DLP（数据泄密防护）、DRM（数字版权管理）、DAM（数字资产管理）等安全管理工具。能够自动识别数据的违规行为，且自动化进行提醒并进行防护。

三是加强数据治理强度。从业务领域角度，根据隐私识别将数据进行敏感性分等定级。能够识别 ID 身份数据，让跨行业和跨业务领域数据管理更加智能化，自动化实现企业敏感数据梳理，并且以可视化的方式展示给企业管理者或者监管层。

数据确权和流转问题困局

数据产权是个人或组织对数据拥有的占有权、支配权、知情权、收益权等，大数据无法通过人工方式在短时间内截取、管理、处理并整理为人类能够解读的信息，其蕴藏的价值及使用价值只有通过数据挖掘、AI 算法和建模等智力劳动才能体现出来，清晰的产权归属是数据共享的前提与基础。然而，当前关于数据的产权归属问题还远未达成共识。

例如,在分析数据的基础上,电商可以通过改善优化物流、开展促销活动、精准推送商品等方式增加收益,然而,作为数据提供者的用户是否有权获得其收益至今仍存在争议。一方面,用户有权拒绝电商使用个人交易数据,并有权要求电商在使用数据时给予一定补偿;另一方面,单个用户的信息微乎其微,出卖自己的数据所获得的收益极小。难以判断用于创造收益的数据分析结果是更依赖于数据还是更依赖于分析行为,因此,数据产权问题便成为矛盾点。

大数据的核心价值在于连接与共享,无法连接的单体数据则不具有大数据集合的群体价值。数据连接将不同来源的数据匹配和融合,其不强调对数据的拥有,而是强调数据触及和返回的广度与丰富程度。数据共享旨在构建一个权限分明,在保护数据安全的同时让信息流转的机制。无论是传统金融机构建设开放银行生态体系,还是金融科技公司对其他企业提供大数据风控或精准营销服务,都离不开各方的数据连接与共享。从理论上观察,这事实上是数据的"复杂性"和"整体涌现性"(Whole Emergent)的反映。这意味着海量、实时、多样的数据可以动态变化、扩展、演化,一旦相互聚合,就能相互作用、相互补充,提供新的洞察力和预见力。

正是洞察到数据连接和共享的重要性,国务院在2015年《促进大数据发展行动纲要》中明确提出:"鼓励产业链各环节的市场主体进行数据交换和交易,促进数据资源流通,建立健全数据资源交易机制和定价机制,规范交易行为等一系列健全市场发展机制的思路与举措。"在上述政策的引导下,北京大数据交易服务平台、贵阳大数据交易所等数据流通平台不断涌现。但是，由于专门立法的欠缺和既有制度的模糊，并且出于对交易风险及个人数据合规风险的忧虑，我国数据流通在实际确权以及"质"和"量"上都不尽如人意，难以满足数字经济发展的需要。目前，这个问题已经成为大数据跨行业融合应用的关键难题之一。

同时，在涉及数据各方的确权与数据流转过程中，金融行业监管能力与监管技术也迎来了新的挑战。伴随动态变化的金融大数据流通的多样性与复杂性，及其所产生的"叠加效应"，也为传统金融监管和金融科技监管技术带来了更大的风险冲击和治理挑战。

全球数据确权的国际经验

面对数据确权难题，世界各国或地区由于经济发展阶段、法律体系等差异也往往采取了不同的做法。

欧盟

擅长进行体系构建的欧盟，通过了《通用数据保护条例》（GDPR）和《非个人数据在欧盟境内自由流动框架条例》，确立了"个人数据"和"非个人数据"的二元架构。针对任何已识别或可识别的自然人相关的"个人数据"，规定其权利归属于该自然人，其享有包括知情同意权、修改权、删除权、拒绝和限制处理权、被遗忘权、可携权等一系列广泛且绝对的权利。针对"个人数据"以外的"非个人数据"，企业享有"数据生产者权"（data producer right）。不过，其权利并非绝对。然而，欧盟这一数据确权的尝试并不成功。一方面,"个人数据"和"非个人数据"的分割与现有实践不符。另一方面,个人数据的定义过于宽泛,在万物互联的当下,几乎没有什么数据不能通过组合和处理,与特定自然人相联系。由此,同一个数据集往往同时包含个人数据和非个人数据,要想将相互混合的数据区分开来,即便不是不可能,也是非常困难的。数量众多的保护对象和纷繁复杂的权利形态相结合,产生了过犹不及的效果。Strand Consult 的报告曾指出,GDPR 会对即将到来的欧洲 5G 网络开发和服务的价值链产生负面影响,使欧盟在移动通信方面继续落后于美国和中国。

美　国

与欧盟相反,习惯从事实出发的美国采取了数据确权的实用主义路线。在立法层面,美国基于其法律在数据层面并无综合的立法,而是将个人数据置于传统隐私权的架构下这一事实,利用"信息隐私权"(right to informational privacy)来化解互联网对私人信息的威胁。同时,即使仅限于"信息隐私权",美国也并未制定统一的联邦法律,而是通过《公平信用报告法》《财务隐私法》《有线通信信息法》《健康保险携带和责任法》等法律,在金融、医疗、通信等领域制定行业隐私法,辅以包括网络隐私认证、建议性行业指引等行业自律机制,形成了"部门立法+行业自律"的松散治理体制。

在司法层面,不论是近年的 LinkedIn 对 HiQ 案,还是之前的 Sorrell 对 IMS Health Inc. 和 FTC 对 Toysmart.com 案,尽管案件或多或少与数据权属有关,但法官和律师均回避了数据在企业之间的确权问题,而是直接以数据挖掘、处理、使用为重点对案件展开了讨论。究其原因，或可归结于美国从合同法的思路予以回应的路径依赖。1999年，由《统一商法典》所衍生的《统一计算机信息交易法》（UCITA）出台,列出了以"计算机信息"（数据）为对象的"许可交易合同""访问合同""校正和支持合同"等多种合同类型。显然，在各方无法就数据权属达成一致的情形下，通过市场和合同来分配权益也不失为可行之道。

美国对数据确权的灵活态度和其他支持互联网发展的立法一道塑造了其数字经济的蓝图。2018年在全球市值排名前十的公司中，苹果、微软、谷歌、脸书、亚马逊等美国科技公司独占半壁江山。在数据市场这一细分领域中，以Acxiom、Corelogic、Datalogix、eBureau、ID Analytics、Intelius、PeekYou、Rapleaf、Recorded Future为代表的数据经纪商（data broker），凭借数据交易和数据产品双足运行，推动着美国数据的流通。

对于我国金融行业中数据确权的启示

对比欧盟和美国的数据确权制度及举措经验，可以看出，数据确权必须充分考虑数字经济发展的不同阶段和特定国情。目前，我国国内经济长期处在新常态，包括金融科技在内的数字经济已经成为主要增长点和重要的就业渠道。尽管我国数字经济的成就为世人瞩目，正如麦肯锡《数字时代的中国：打造具有全球竞争力的新经济（2017）》报告所指出的，2013年美国行业的数字化水平为中国的4.9倍，2016年已缩小至3.7倍，但我们还有很长的一段路要走。在此背景下，我国首先应以最大化数据这一数字经济生产要素的价值为最高宗旨。数据利用的关键是数据流通，为了减少因防范权属不清而造成的高交易成本，对于那些可以清晰识别来源的数据，可以直接分配给数据生产者，从而激励数据的生产。随着数字金融生态的逐渐开放，数据将在不同经营主体之间流动共享，不同数据的重新组合、碰撞将会产生新的数据资源，对于那些因多方参与以至于难以划分的数据，不妨先交由市场，通过合同约定来分配各方权益，进而在规则竞争和演化的过程中，总结出最佳实践和行业标准，最终形成法律规则。但是，市场也并不总是有效的，它还有可能产生有害于消费者权益的负面影响。法律应及时介入，对那些"关涉个人隐私核心领域、具有高度私密性、将其公开或利用会对基本人格权利产生重大影响的个人敏感数据"强化保护，同时要求企业强化数据安全重任，增加消费者的安全感和信任感。

"G、B、C"跨行业数据共享和融合应用面临巨大挑战

大数据是一个主体活动的完整历史记录以及各主体之间互相联系的痕迹，当这种记录和联系信息足够多、范围足够广时，就会有无限的可能去创造更大的社会效益。大数据挖掘和分析的目的就是通过数据共享和融合，将简单、孤立、分散、片段的数据之间彼此建立联系，从而发现深入的、隐藏的、有价值的信息和知识。但是，从目前来看，大数据深入发展的瓶颈不是技术问题，而是数据共享和融合机制问题。如何克服大数据时代数据共享与

融合的障碍，建立和完善数据共享与融合机制，才是大数据发展的关键所在。

数据的共享与融合是大数据的内在要求。只有克服障碍，获得整体全面的信息，才能充分挖掘数据背后隐藏的潜在知识，发挥其最大价值。大数据共享的基础与过程包括共享的客体（大数据本身）、主体（个人、机构或国家）、手段（技术、平台）以及环境（制度、政策等）四个基本要素，而这四个基本要素在支撑大数据共享与融合的同时，反过来也对大数据的发展形成了阻碍。在所有的阻碍因素中，对数据共享安全性的担忧、共享主体不能获得足值回报，以及数据主体易受侵害造成的数据共享动力不足等成为限制数据共享发展的关键问题。

全球数据共享现状

数据共享的逻辑起点是它的资源属性。数据具有显著的价值并可以被广泛应用，获得巨大的社会财富，从根本上满足科学进步与创新、社会发展与安全等多种需求，构成信息爆炸时代最基本的战略资源。数据的价值取决于使用者对其效用的需求，因此，有价值的数据应具有以下特点：数据来源丰富，可以不断更新和完善；数据质量有保障，真实可靠；数据存储和传输的方式灵活；数据使用不限于特定领域，可从不同角度挖掘所需知识；数据可以复制，不因满足了某种情况的需求后影响他人使用。

世界上不少国家都已认识到大数据对于未来的意义，并开始在国家层面进行相应的战略部署。以美国为例，白宫总统启动了长期专项"美国全球变化研究"项目，旨在建设"全球变化数据信息网络",达到建造世界上最强大的科学数据共享体系的目的。国家统筹规划科学数据的管理,各部门充分发挥作用,实行科学数据完全开放的政策。英国于2012年6月发布《开放数据白皮书》,推进公共服务数据的开放;2013年10月又发布了《把握数据带来的机遇：英国数据能力战略》,制定了提升数据分析技术、加强国家基础设施建设、推动研究与产业合作、确保数据被安全存取和共享等举措。

我国数据共享情况

我国对大数据的发展也十分重视。2015年,国务院印发《促进大数据发展行动纲要》,大力推动政府信息系统和公共数据互联开放共享。通过加快政府信息平台整合,明确各部门数据共享的范围边界和使用方式,厘清各部门数据管理及共享的义务和权利,依托政府数据统一共享交换平台,加快各地区、各部门信息系统的互联互通和信息共享,消除信息孤岛,推进数据资源向社会开放。同年,贵阳大数据交易所应运而生,倾力打造"中国数谷",交易数据类型涵盖贸易通关、专利、企业工商、行业生产销售、城市交通服务等数据。围绕"融合、开放、安全"等主题,中国正在不断探索大数据产业的创新发展。

目前数据共享在我国的主要困局

一是数据共享的各方利益难以保障。当前,数据对于商业的巨大潜在价值正不断显现。然而,在数据价值提升的同时,数据共享的利益在混乱市场的环境下难以得到有效保障。

二是数据共享整体风险高、难控制。数据具有可复用、可破坏、可转换、可衍生、可被挖掘的特性。因此，数据一旦脱离控制，其权责就很难被监管和规范，造成数据共享的安全问题很难被预知和控制，数据共享存在很高的安全威胁。而近期陆续出台的数据安全法律法规，对数据安全的要求越来越严苛，又增大了组织的合规风险。安全威胁加上合规风险，二者共同推高了数据共享面临的障碍。

三是数据共享依然面临数据安全与隐私挑战。"安全与隐私"自大数据概念诞生以来便一直伴随其左右。大数据可以更加高效地洞察和预见主体行为以及行业趋势，但同时也伴随着安全性的困扰。能否保护自己的隐私安全、信息安全，成为大数据部署与共享的首道难题。部分领域的数据可能涉及保密问题，如牵涉到国家安全的有关军事、政治方面的数据或政府保密性文件等，这种情况下，数据共享一般较难实现。另外一部分数据涉及个人隐私问题，政府、相关行业虽然随时可以调用该数据进而采取更好的管理和使用对策，但个人却不知信息会传播至何地，也不知被用作何种目的，更不知信息的泄露会产生怎样的后果。数据共享后，很难对其细微数据进行追踪，即使是准确真实的数据有时也会遭到不公平对待。实际上，对缺乏专业技术的个人而言，根本无力维护自身的信息安全。难以确定隐私保护的范围、认定侵犯隐私的行为、隐私信息管理困难、隐私保护的技术挑战等多个安全方面的问题是大数据共享面对的最大阻力。

欧盟 GDPR 的颁布，预示着个人数据保护管理被提到了前所未有的高度，"数据被遗忘权"（Right to be forgotten）也被明确提出。当数据所有者撤回自己向企业或组织授予的个人数据使用权时，相关企业或组织必须立即无条件删除所有的个人数据。然而，数据删除权并不像大众想象得那样清晰且易于执行。对于一个大型企业来说，用户信息往往分布在营销、销售、客服、财务和供应链等多个系统中，一旦需要把某个用户的数据完全删除，就要依靠一套数据同步机制确保删除没有遗漏，这是非常困难且成本高昂的操作。以新浪微博账号删除为例，尽管微博账号已经删除，但在搜索引擎如谷歌或百度等中，还会存在原账号的搜索镜像数据。原始数据一旦被共享，数据被遗忘权的合规实现将会变得非常复杂和困难，仍然存在个人隐私安全威胁。数据安全法律法规的连续出台，加上即将实施的GDPR的全球性影响，势必增大了企业数据安全合规风险，增加了企业遭受法律处罚的风险。

四是数据共享在市场上存在"劣币驱逐良币"的现象。实践证明，良好的市场环境氛围可以促进数据共享的顺利开展，反之会对数据共享造成障碍。数据一旦被共享，就会脱离数据所有者的实际控制，很可能会被中间渠道截存、低价再次转卖，甚至流入黑市。数据的权责很难被监管和规范，造成数据共享的安全问题很难被预知和控制，形成市场上"劣币驱逐良币"的恶性循环。

总体来看，缺乏"互信机制"最终导致数据共享成了伪命题。在国家大数据战略推动下，数据越来越成为重要资产，无论是政府还是企业都在寻找大数据领域数据资产的价值。然而，真正让数据产生价值，除了拥有企业内的数据，更需要让数据流动起来以获得更多的外部跨领域的数据，进行融合发酵。但是，在当前利益相交的形式下，"互相不信任"导致数据变成了一个个孤岛，无法共享发挥更多的价值。因此，寻找完美的方式进行数据共享，让各数据参与方各取所需而又不泄露各自的重要数据变得至关重要。

再以金融大数据风控和征信行业场景的应用为例。目前，征信行业对于可征信数据源的有效覆盖明显不足，特别是缺少对于中小微企业的征信数据源。同时，政府（G）、企业（B）和消费者用户（C）之间存在的"数据孤岛"问题，造成了在G、B、C各方的数据要素融合共享和安全保护应用方面仍然存在很大的挑战。征信大数据体系面临着严重的数据割裂、数据滥用问题，亟待建立数据在互通共享、安全保护方面的共认机制和行业标准，聚焦数据要素的确权、交易、融合、保护等重点难点问题，推动政、产、学、研各方加强研究和交流，促进金融数据要素融合应用方面的创新试点推广和基础能力共享，针对那些行业共性需求，以政府主导、市场多方参与形成合力，牵头搭建金融业大数据共享和行业融合应用基础平台，推进数据格式、数据授权、数据要素融合，以及解决多方数据治理与数据安全保护的隐私计算、联邦学习等前沿支撑技术来进行全方位的金融场景综合应用与实践。

金融科技公司大数据在风控与征信行业健康发展的建议

尽管目前我国金融科技大数据的发展在金融行业与风控征信领域已经有了广阔的市场空间和良好的发展机遇，但同时也看到，金融业在整体数据治理与数据安全保护、数据的确权与流转、数据的共享和跨行业数据融合应用上，依然面临着数据安全治理体系和隐私信息保护能力薄弱、法律制度的完善性和针对性有待进一步加强、数据安全技术与行业应用场景的适配度和市场的实践度仍有待提升等一系列的现实困难和挑战，未来将会需要从法律、技术和市场各个层面凝聚政、产、学、研多方的智慧和力量共同推进。

关于如何稳妥有序地推动金融行业大数据在风控和征信行业的健康发展，基于之前对于我国金融科技大数据在风控和征信领域乃至整个金融行业的实际应用现状问题与挑战分析，下面从完善法律法规和配套制度、构建数据安全治理和技术保护体系、加强行业自律与伦理规范机制，以及探索金融大数据跨行业共享与融合应用发展四个方面来提出相应的对策建议。

持续健全法律和政策规范，全方位护航金融大数据依法合规应用

建议从国家层面加快出台《数据安全法》《金融数据安全保护条例》等法律法规，持续健全数据要素的相关制度体系，进一步明确数据确权、流转、价值评估、授权形式、免责规定等金融业大数据在行业应用关键节点的规则要求与边界条件。在明确规则的基础上，积极指导各方对金融大数据进行正确的使用、敢用、善用，并且提供必要的指导规则与条件。加强对金融机构、互联网金融科技公司等数据使用方行为的约束，推动金融大数据融合应用保持平稳、有序、活力地发展。

构建公平的市场竞争制度，完善数据隐私保护法规，防止大型互联网金融科技公司利用市场积累优势和平台垄断效应过度采集、使用企业和个人数据，防止未经用户充分授权的数据滥用和盗卖，建议国家有关部门制定《金融数据安全保护条例》，建立更加有效的保护机制。

构建数据治理与数据安全体系，通过技术创新提升行业发展与监管水平

在大数据时代，数据是技术发展的重要资源和基础。因此，对于数据的治理和数据的安全保护，是解决大数据创新发展与确保监管合规的首要问题。但是，数据治理和隐私安全保护，也不仅仅依赖于法律和法规层面的单向约束，在根本上还需要通过进一步的科学技术的发展来解决大数据技术的合规合法应用。例如，以隐私计算和联邦学习等相关技术来实现"数据可用不可见""数据不动、算法流动"的数据安全与合规应用效果，并且通过技术的提升来为监管政策提供与时俱进的动力，形成技术措施与监管治理相辅相成和二元共治的局面。

从数据治理和数据安全保护体系来看，需要从三个主要维度来进行考虑：监管合规、隐私身份体系、共享应用（如图5.3所示）。

分别对应的主要相关主体为政府、个人和企业。政府主要是从数据安全的角度进行合规监管，而监管的依据则为各种法律法规。对于个人用户来说，在网络世界中的唯一身份认证可能含有很多个人信息，需要从多个角度进行加密，保护作为一个个体用户的隐私信息。对于企业来说，其主要目的是基于数据优化来为业务创造价值，而数据只有在流通起来以后才能产生数据价值，因此，企业数据的共享也是数据治理和数据安全体系不得不面对

的问题。

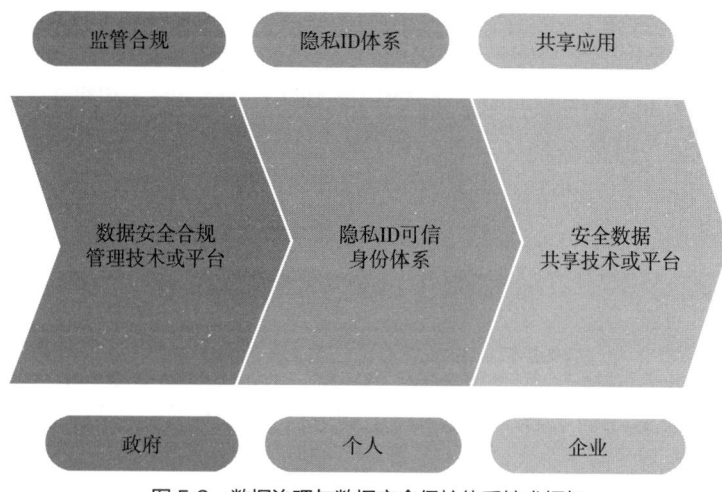

图 5.3 数据治理与数据安全保护体系技术框架

基于以上分析，针对大数据治理与数据安全保护体系，从技术方案上讲，也需要包含以下三个重要环节：监管合规（数据安全合规管理技术或平台）；公民隐私 ID 可信身份体系（或 e-ID 公民电子身份认证体系）；安全数据共享技术或平台。

从数据治理和数据安全体系的角度来看，要解决这个难题，需要社会各界，包括政府、企业和消费者的共同努力。从法律、技术和市场等多个层面共同推动我国金融科技大数据在风控征信领域以及整个金融行业规范高效和安全有序地健康发展。

从监管科技的发展来看，建议持续提升监管科技的能力水平建设。利用科技武装监管，使用监管技术进行科学监管，通过"监管沙盒"模式等实践与监管科技技术手段的应用，增强监管的主动性与前瞻性，注重在预防风险和鼓励创新之间寻求平衡，由被动式、响应式监管转变为主动式、包容性、适应性监管。建议推进监管规则的数字化、标准化和统一数据化，利用监管科技手段采集、分析、处理、交互、报送相关数据，实现科技监管与传统金融监管政策方式的有效衔接和有益结合，缓和监管者同被监管者之间的博弈关系，优先利用"监管沙盒"方式积极支持普惠金融、绿色金融、科创金融等领域的金融大数据融合应用创新，稳步提升科技监管能力水平并且有效降低金融监管成本。

引导行业形成自律约束机制，注重加强行政监管与行业自律能力的有机互补

建议积极引导和推动互联网金融机构审慎合规经营，形成行业的自律意识和约束机制，避免通过各类消费场景流量，过度营销贷款透支和诱导过度消费。建立数据相关的行业协会，在国家相关管理部门的指导下，聚焦数据要素的确权、交易、融合、保护等重点难点问题，推动政、产、学、研各方加强研究和交流，促进数据要素融合应用方面的信息和能力共享，因行业共性需求牵头搭建金融业数据要素融合应用基础平台，推进数据格式、数据授权、数据要素融合支撑技术等金融应用目标的研制。

积极稳妥推进行业实践，打通"G、B、C 一体化"金融征信大数据专区建设

针对我国金融科技与金融大数据在跨行业数据共享和融合应用上的困局，在目前阶段，仅仅依靠政府、企业或市场中的任何一方，都很难真正解决这个长久以来持续存在的顽固问题。因此，从实际落地的角度出发，建议由政府主导，鼓励市场多方主体参与，以金融征信大数据专区试点建设作为突破口，积极稳妥地推进金融业征信大数据专区和普惠金融的基础设施建设，赋能金融行业与实体产业经济共同发展。

从当前的行业现状与未来发展趋势来看，一方面，银行和金融机构拥有大量优质的政府和企业客户，具有主打 C 端（消费者个人用户）经营的互联网科技公司所不具备的优势，建议由政府引导，银行、市场多方主体参与，通过"金融+科技"赋能来协助政府（G）和企业（B）端客户来提升数字化运营能力与经营能力，继而以 G、B 端提供的大数据产品和服务为抓手，通过 2B2C、2G2C 等方式，完成对 C 端客户的触达和服务提供。另一方面，政府和银行通过金融服务与海量客户建立业务关系后，可在内部以数字化手段沉淀大量用户数据，并在深挖政府、企业、客户三者需求的基础上，通过建设"G、B、C 金融数据一体化"生态服务平台，帮助经合法授权的可信合作伙伴建立 C 端消费者连接，并且结合对 C 端客户的各种日常生活场景的需

求与洞察，最终实现平台赋能政府与企业端治理的目标。通过在政府主导下的持续市场化生态运营，不断加深"G、B、C金融大数据一体化"平台生态圈的连接能力，未来可随着试点模式的成功与推广，成长为国家级的普惠金融生态基础设施赋能平台。

从实现路径上来看，目前金融产业大数据的跨行业共享与融合应用的发展，已经成为制约我国金融科技真正全面赋能普惠金融与同步反向驱动监管合规能力提升的根源，因此，本着积极探索行业实践与逐步试点稳妥推进的目的，建议以组建国家级金融产业大数据专区试点建设作为主要抓手，以大数据风控和征信业务场景的应用作为关键切入口，以实现"G、B、C金融大数据一体化"生态连接与国家普惠金融基础设施建设为总体目标，坚持政府主导与政企合作来实现共创共赢的市场化健康生态发展模式。

在附录中，我们也给出了首先以大数据风控与征信业务场景进行试点应用和不断拓展金融数据专区建设的初步方案建议，聚焦定位市场刚性需求，积极探索建立数据专区制度，通过围绕大数据风控和征信业务场景应用，叠加数据"监管沙盒"试点环境，坚持政府引导与市场化主体参与的运营机制，通过"先试先行"的实践运营来蹚路，以论证创新样本和复制推广模式的可行性，为促进我国的社会信用体系建设和践行国家普惠金融战略做出应有的贡献。

第六章

金融科技公司国际监管的经验借鉴

金融科技公司的国际监管探索

数据治理方面的国际探索

数据治理规则主导权正成为新的竞争领域

随着脸书用户个人信息泄露事件[①]、LinkedIn 对 HiQ 案件[②]、

[①] 英国《每日邮报》报道，当地时间 2019 年 12 月 19 日，一个包含超过 2.67 亿脸书用户 ID、姓名以及电话号码等信息的网络数据库被公开，有两周时间内它可以被任何人访问，也曾被发布在黑客论坛上。据猜测，这些数据可能是在没有使用脸书 API 的情况下被窃取的。由于很多人将脸书的个人资料设置为 public（公开可见），因此恶意分子可以通过"抓取"（Scraping）的方式，利用自动机器人快速筛选大量网页，将数据从每个网页复制到数据库中。

[②] 2017 年 5 月，LinkedIn 向 HiQ 发函要求停止未经授权的数据抓取行为，同时还通过技术手段阻止 HiQ 获取相关数据。其中，HiQ 公司是一家商业模式完全建立在对 LinkedIn 用户数据分析之上的第三方机构。随后，HiQ 公司向法院提出了诉讼。法院最终裁定的结果是：第一，被告 LinkedIn 公司不得阻止 HiQ 公司进入、复制并使用 LinkedIn 网站的公开信息，亦不得采取法律或技术措施进行阻碍，若有则必须在 24 小时内清除；第二，在临时禁制令期间，被告 LinkedIn 公司须撤回并禁止再向 HiQ 公司发送禁止其使用数据的法律声明。

剑桥分析事件①等大量有关数据治理的问题不断被披露，大数据泄露的风险持续走高。个人隐私保护、数据产业发展、国家数据安全等议题开始成为各国关注的重点。与此同时，以数据治理为代表的规则体系构建的主导权也正成为全球范围内一个全新的重要竞争领域。

总体来看，当前，全球范围内尚未达成对于数字规则的统一共识。围绕数字技术和数字生态规制体系，世界各国竞争激烈，都试图在规则制定方面形成先发优势。一方面，以欧盟、美国为代表的发达国家和地区正在大力推动数据治理规则及理念向全球输出，致力于建立以其为中心的全球框架体系；另一方面，部分发展中国家也在积极构建维护自身利益的数据治理规则，以打破发达国家的规则垄断。

建立全球性通用规则是未来主要趋势

从全球来看，数据的流通存在明显的制度障碍。一方面，从国家层面来看，所有国家都有权根据自己的意愿调整数据政策以保障国家安全。为保障本国安全利益，多数国家已在本国数据流

---

① 英国资料分析机构剑桥分析（Cambridge Analytica）不当利用社交平台大量个人资料，引起社会关注和愤怒。2013年，英国资料分析机构剑桥分析成立，主攻利用数据挖掘和分析技术的政治咨询业务。2014年，该机构推出一款名为"这是你的数字化生活"的App，用奖励5美元做诱饵，吸引脸书用户下载该App，做自己的个性分析测试，当时大约2.7万名脸书用户下载了这个App。该机构通过这些用户的个人数据取得了他们的脸书好友的个人信息，实际共获取至少5000万用户的数据。这个App获取的数据包括用户的动态更新、喜好、私信，而用户对自身数据的泄露均不知情。

出边界设立了管控机制。但是，另一方面，各国在数据治理方面的理念、价值观和能力水平通常存在明显差别。因此，各国的数据政策和规则往往差异较大。

在尊重国家主权和管理制度差异性的同时，要清醒地看到，建立全球通用规则已成为行业发展的必然趋势。面对全球数字科技及数字产业的快速发展，传统"以国为限"的管理方式正成为行业发展的制度障碍。为避免因防止数据使用和保护制度对跨国投资和创新造成更大更不利的影响，数字行业本身也需积极推动建立全球数据治理的通用规则。

从总体来看，推行全球数据治理主要在四个方面具有重要意义。一是有助于促进数据跨境流动的规范化和有序化，进一步推进全球数据保护，防范全球性数据安全风险。二是有助于促进全球数字经济的发展，为全球数据交换提供指引。三是有助于促进全球治理体系的完善，推动全球善治的形成。四是有助于促进协同治理，帮助发展中国家推进和完善国内数据治理。

数据互通方面的国际实践举措

第一，建立数据经纪市场。2020年10月，英国金融市场行为监管局FCA在《洞察》(Insight)期刊中提出，监管机构可以寻求建立更广泛的数据经纪市场。由中立的"数据经纪人"汇总来自各种来源的互补性数据，以创建更有价值的数据集，然后将其提供给第三方。由于"合成"数据集只共享实际数据的聚合属性，而不是直接共享真实的个人数据，因此可提供隐私保护。在这种方案下，监管机构只需重点监管数据经纪人，确保其机构背景的中立性，同时加强数据安全和隐私保护，就可以达到有效监管的目的。

第二，大型科技公司公开共享数据。2019年，《大数据时代》的作者、牛津互联网研究所研究员维克托·迈尔·舍恩伯格建议，应直接要求大型科技公司与实力较弱的竞争对手共享匿名数据。具体实施时，可采用"渐进式数据共享授权"的方案，即大型科技公司的市场份额越大，其必须共享的数据比例就越大。同时，由监管机构建立一个在线的数据持有者目录，要求大型科技公司必须在上面公布它们拥有的数据类型，让竞争对手可以查阅大型公司有哪些数据源。此外，监管机构还需要建立强力的机构来保障目录更新的频率和数据的准确性。

第三，由监管机构建立公共综合数据集。2020年，英国FCA还提出设想创建自己的综合数据集。根据该方案，FCA作为监管机构有足够的权利要求大型科技公司提供数据，并且协调数据收集，将数据打包成符合隐私要求的公共产品。

数据治理问题的国际经验

第一，美国。以形式监管软约束信息的自由跨境流动。根据2010年美国颁布的《金融消费者保护法》，其对于境内个人金融信息流动的监管，主要遵循"形式监管"的原则。通过定义个人金融信息流动的法律边界，从而厘清了个人金融信息得以合法流动的范围。当个人金融信息流动超出该边界与范围时，能否继续流出取决于信息主体，即用户具有"否决权"（Opt-Out）。此外，美国还通过双边或多边机制与其他国家、地区或国际组织达成关于个人金融信息跨境流通的协议,并在其主导的国际组织中推行其个人金融信息跨境流通的标准,向全球输出个人金融信息自由跨境流动以及以企业自律主导的立场。

第二,韩国。打造个人金融信息统一平台。2020年12月4日,韩国金融服务委员会对金融机构的个人数据保护进行例行检查,以确保数据保护的一致性并提高问责制。此次检查还将包括根据数据生命周期制定具体的检查标准,以及通过金融安全研究所定期提供反馈,为金融机构建立自查指南。此外,韩国金融服务委员会还引入了"我的数据"服务,通过该服务,个人将能够在一个统一的平台内检查、管理、更正或删除他们的信用数据,而不是在不同金融机构的平台分别管理。这种方案一方面可以让消费者能够行使数据所有权,另一方面也使大型金融公司将不再垄断消费者数据。

第三,英国。立法重点加强个人数据保护和网络信息安全。自2010年以来,英国在数据治理政策领域有了明显调整,开始由内向外拓展,法案和政策的制定也强调遵循国际通用标准和规则,以加强数据基础设施建设,确保数据能够跨境流动和再利用,有效支撑了本国数字经济的发展。一是在加强个人数据隐私保护方面。英国议会基于欧盟于2016年发布的《通用数据保护条例》,于2018年发布了新版《数据保护法》,对个人和组织数据保护的权利和责任做出明确规定。一方面,加强公民个人隐私保护,授予公民对自身数据的可携权、删除权和反对权等权利;另一方面,积极帮助组织正确地保护和管理数据,健全数据保护的规则和机制。二是在加强网络信息安全方面。2015年,英国政府颁布了第三部《国家网络安全战略》,并重申网络威胁是英国面临最大的风险之一，政府将采取强硬且创新的措施应对网络威胁，致力于成为网络安全领域的全球领导者。

第四，欧盟。建立规范成员国对外数据跨境流转的合规框架。一是立法先行。2018年，欧盟颁布了对行业发展具有重要意义的《通用数据保护条例》(GDPR)，希望通过GDPR的体系化制度设计，强化与提升欧盟范围内的居民对自身个人数据享有充分的控制权。同时，通过统一化的规范设计，改进现有的监管机制，为个人数据处理主体的合规风控提供更为明晰的行为指南，以此降低业务运营的不确定性。二是保障机制完善。在数据安全层面，欧盟《2016年网络与信息系统安全指令》是欧盟数据治理法制框架的另一重要支柱，为GDPR的实施提供了进一步的制度保障，确保欧盟不受任何外部技术优势力量的影响或者支配。此指令是目前世界上唯一一个规范成员国对外数据跨境流转的合规框架，并被世界各国广泛承认。目前，各国家及地区采取积极的立法行动，以谋求加入欧盟白名单，例如美国的安全港/隐私盾协议、英国的《数据保护法案》、新加坡的《个人数据保护法》、迪拜的《迪拜国际金融中心数据保护法》等，都采用了这个框架。

反垄断方面的国际探索

大型科技公司是当前反垄断领域监管的重点

从各国实践经验来看，反垄断主要有两项重要的基本原则。

第一项是要建立统一健全、开放、竞争、有序的市场体系，保护经济自由权；第二项是将监管和调控两方面相结合。其中，在科技行业，监管关注的重点是由垄断所带来的价格歧视、捆绑销售、恶意并购、业务排斥等方面。从国际来看，近年来关于金融科技的反垄断调查，也多集中在用户数据、广告投放以及内容服务平台的垄断及隐私政策领域。

从严监管是金融科技反垄断治理的重要导向

长期以来，在维护市场环境方面，欧美等国家对大型科技公司的监管态度非常明确，坚持严监管的高压态势。比如，美国联邦贸易委员会 FTC 主席西蒙斯曾在接受采访时公开表示，正在调查国内多家大型科技公司是否存在损害竞争的行为，如有必要，将通过撤销过去的并购来拆分企业。受此影响，一些大型科技公司曾多次被指控进行了"猎杀式收购"，即收购可能发展成为强大竞争对手的、处于早期发展阶段的公司。对此，诺贝尔奖得主让·梯若尔曾提出"举证责任倒置"模式——由进行收购的公司来证明它们不会损害竞争或创新。从市场实践来看，此类举证责任有助于保护新公司的成长，维护市场竞争性。

美国 FTC 对大型科技公司的反垄断实践案例

2019 年 2 月，FTC 成立特别小组，负责与科技相关的并购审查、调查，与已完成科技交易的审查进行磋商。FTC 主要关注大型科技公司的收购活动，包括它们如何向联邦反垄断机构报告交易,以及是否正在对新兴竞争对手进行潜在的反竞争收购等。此外,FTC还与美国司法部合作,分别对亚马逊、脸书、谷歌和苹果展开反垄断调查,分析这些巨头对高科技领域竞争造成的损害。

2020年2月,FTC表示,将对几家大型科技公司的并购案进行重新审查,审查的对象包括谷歌的母公司Alphabet、亚马逊、苹果、脸书以及微软。根据FTC的要求,这些公司需提交2010年1月1日至2019年12月31日未曾披露的收购交易的细节,包括交易的条款、范围、结构和目的,其间任何一桩价值超过9 000万美元的科技公司并购案都需要提供并购草案信息,以供FTC及司法部审查。此外,FTC明确要求,上述公司须披露"关于其公司收购战略、投票、董事会任命协议、从其他公司招聘关键人员的协议以及离职后不得竞争协议"等文件,以及有关"收购资产如何进行整合,收购数据如何处理"等方面的信息。

2020年10月,美国众议院正式认定亚马逊、脸书、苹果和谷歌四大科技公司存在垄断行为,并建议其采取拆分、限制并购、禁止妨碍竞争的交易行为等措施。

国际反垄断监管经验对我国的主要启示

第一,反垄断监管加速了国际金融科技市场的开放与创新。目前,全球一线科技巨头从事的诸多业务本身具有非常明显的规模效应和先发优势,在一定时期有助于提升社会效率。因此,在美国反垄断的法律体系中,立法原则更主张通过市场竞争,以及技术创新打破垄断，而非主要依靠行政监管力量。同时，为应对长周期、高标准的监管，科技巨头也在积极转型，以更加开放和积极的态度，发挥引领作用，带动科技产业整体的快速发展。

第二，金融科技监管需要开放与管理并进。从运行机制来看，金融科技是典型的三边市场，同时对接消费者、服务商以及其他创业企业。一些金融科技公司虽然利用大数据进行经营创新，加深了对目标客群的理解，推动了经济发展，但在数据迭代优化算法优势下，也对缺少大数据赋能的企业形成了"降维打击"。这使得数字经济时代的一些创新企业在业务拓展中不得不依附于平台，逐渐围绕平台形成了一个封闭的系统。最终，限制了公平竞争，抑制了创新动力。

第三，需要重点关注由垄断形成的系统性金融风险。总体来看，金融科技公司可以在提升企业和家庭投融资能力方面发挥重要作用，但同时，也存在被技术滥用的风险。此外，科技企业往往对金融客观规律和现行监管逻辑理解不够，容易忽视金融的巨大外溢风险。具体来看，数字经济平台可能引发的风险主要包括以下三类。一是数据垄断风险。由于信息垄断、放贷业务与网上业务的紧密结合，容易出现个别平台对市场的全面垄断。二是助推金融风险，部分平台冒进经营、违背金融规律，导致行业杠杆率激增，资金脱实向虚，孕育巨大的系统性金融风险。三是容易引发社会治理风险。如果助长自控能力较差的群体，特别是年轻群体超前消费，就容易引发多种社会问题。

金融外包方面的国际探索

金融外包监管的主要分类

金融外包是指金融机构可以通过将业务外包给不受监管或者离岸经营的第三方，从而达到转移风险、降低管理成本以及规避法律的方法。近年来，随着金融服务外包风险的逐步暴露，对外包业务的监管也逐渐引起了各国监管当局的重视。从全球来看，目前，国际上对金融服务外包的监管可以划分为三类。

一是分业监管方式。在部分国家，银行业、保险业、证券业等细分行业都有着各自行业的监管主体。因此，各行业的外包监管条例多由各监管主体针对各自行业情况制定。

二是混业监管方式。在一些国家，比如英国，金融业由统一的监管机构实施管理。因此，对银行业、保险业、证券业的外包监管职能由一个综合性的监管机构统一行使。

三是总体指导、各自监管的方式。这种方式主要适用于欧盟地区。一方面，由欧盟层级监管机构金融服务外包仅仅提供原则性的监管意见；另一方面，由下属各成员国各自拥有相关的监管机构负责金融外包的监管和指引，制定本国相应的监管法律并执行欧盟相关法规。

巴塞尔委员会对金融外包监管的指导性原则

为进一步完善金融外包监管领域的制度体系，为各国监管实践提供指导，巴塞尔银行监管委员会协同国际证券委员会组织、国际保险监管协会、国际清算银行于2005年共同发布《金融业务中的外包》，为各国继续完善金融业务外包监管提出了多项指导性原则，具体如下。

第一，金融机构应制定其外包政策，以对业务外包及其方式的恰当性进行总体性的评估。董事会或其同等权力部门对外包政策以及根据这一政策开展的业务外包全权负责。

第二，金融机构应制订全面的外包风险管理计划来妥善处理外包业务及其与承包商的关系。

第三，金融机构应确保业务外包不削弱其履行对客户和监管当局义务的能力，也不阻碍监管当局对其进行有效的监管。

第四，金融机构在选择承包商时应尽责。

第五，外包各方的关系必须以书面合同的形式予以确定。合同应明确规定各方的权利、责任及各项要求。

第六，金融机构及其承包者均应制订应急计划，包括灾难恢复计划和定期测试备份系统的计划。

第七，金融机构应采取恰当措施要求承包商为金融机构及其客户保密，避免它们的机密信息被有意或无意地泄露给未经授权者。

第八，金融监管当局应将外包纳入对金融机构的持续监管内容，以适当方式确保金融机构的外包安排不影响其达到监管要求的能力。

第九，当多家金融机构同时将业务外包给有限的几家承包商时，监管当局应关注其潜在的风险。

金融外包的国际监管实践

普通金融外包方面

2019年，针对普通金融服务外包监管问题，欧洲银行管理局（EBA）发布《有关EBA外包安排准则草案的最终报告》，为信贷机构、MiFID投资公司、支付机构和电子货币机构金融服务外包提出了较为明确的建议，设立了评估外包活动、服务、流程或功能是否关键或重要的标准，以及确保对重要性功能进行统一评估的标准，并强调了金融机构和支付机构要加快健全配套的内部治理安排。比如，金融机构和支付机构须具备有效的内部控制框架，履行对其外包职能的监督，确保与关键外包活动有关的所有风险都得到识别、评估、监测、管理和报告。再比如，金融机构和支付机构须具备退出关键外包活动的适当计划，具备妥善迁移到其他服务提供商或重新整合关键外包的能力。

云外包方面

由于技术的迅速发展，相比于传统的金融服务外包模式，云计算外包模式相较于金融机构信息化建设水平，以及企业人力物力投入方面展现出了低成本的优势。但由于云计算高度依赖于外包服务商，云外包也存在信息安全风险、业务连续性风险、云外包服务商风险以及安全审计风险等多项风险。针对云外包活动的监管，部分国际监管当局也采取了一些可行的举措。2017年12

月，EBA 发布《最终报告：关于外包给云服务提供商的建议》，该建议围绕欧洲银行监管委员会（CEBS，欧洲银行管理局的前身）外包指导方针的外包条件，向外包云服务提供商提出了一系列建议。基于此文件，2018 年，英国 FCA 发布了《FG 16/5 企业外包到"云"和其他第三方 IT 服务的指南》，旨在说明企业如何遵守相关的 FCA 外包要求。该指南明确强调在购买云计算时使用国际标准的重要性，以及与信息安全和 GDPR 数据保护义务的一致性。

总体来看，EBA 的云外包建议文件与 FCA 发布的指南文件有诸多重叠之处。重点关注领域均聚焦于对云服务提供商业务场所的访问和审计权，"链式"外包方法（由云服务提供商进行分包）以及应急计划和退出策略，以确保外包功能从云服务提供商有序迁移到替代提供商或内部。

对我国金融科技公司的监管建议

防范与化解金融风险

从市场发展趋势来看，凭借着对消费者数据的快速积累，金融科技已成为金融行业不可替代的重要参与者之一。同时，随着数据规模和维度的持续提升，金融科技正逐渐成为推动行业重塑的重要发起者。尤其对于那些受益于"赢者通吃"的头部大型金融科技公司来说，依靠数据垄断形成的市场地位，已经对金融行业的发展产生了深刻的影响。从总体来看，金融业正处于一个发展的重要转型阶段，而金融科技正是此次行业转型的主要驱动力。尽管从有利的方面来看，金融业的服务效率和服务范围的确获得了大幅提升，交易成本持续下降，但从不利的方面来看，跨界而来的金融科技不仅为金融业固有风险的加速积聚提供了更加便利的条件，还引入了新的风险隐患。

从风险防范来看，只有紧紧围绕风险源头构筑监管规则、设定监管防线,才能真正守住不发生系统性风险的底线。因此,当前,我国金融风险防范,尤其是金融科技风险防范的首要工作,应以牢牢抓住金融科技这个关键要素为重心,重点研究金融科技进入金融业后,行业发展的新特征、新矛盾,精准发力、精准施策,推动监管机构在监管理念、监管模式、监管技术、监管方法上的转变,以监管转型升级积极应对行业发展新趋势和新模式带来的挑战。

重塑监管理念、转变监管思维,加快形成机构监管与功能监管并行的监管体系

有效监管的前提是要能够准确穿透业务模式、精准识别风险。明晰这一点,对加强金融科技的监管来说尤为重要。通常情况下,金融科技的高度混业特征,往往让监管机构难以按照传统的监管模式实施有效监管。因此,监管机构需要更加积极地推动自身监管思维的转变,一方面紧抓金融本源,另一方面对症下药,才能真正发挥其风险预警的职能,做到早发现、早干预、早处置。

第一,坚持实行金融业牌照准入制。严格执行金融业务实行持牌准入和业务监管的要求。按照金融科技的金融属性,把所有的金融活动纳入统一的监管范围。由于金融科技涉足金融,因此需按照同样的准入和监管要求,比如从事金融业务必须要有金融牌照,绝对不能出现因监管空白导致监管套利的情况。同时,根据金融科技公司的特点,制定准入门槛规定,约定其主要股东在必要时需向其关联科技公司补充资本(如监管对科技公司有资本要求),关联科技公司出现支付困难时给予流动性支持等相应条款。

第二,坚持监管的统一性和一致性。对金融科技涉及的金融

活动，比如消费信贷、投资理财、保险经纪、基金销售等，按照实质相同原则，对相同功能、相同法律关系的金融产品按照同一规则由同一监管部门监管。让金融回归金融、科技回归科技，按照业务实质有针对性地实施准入标准和监管要求，建立刚柔并济、富有弹性的监管机制，营造包容的金融科技创新环境。

第三，坚持功能监管，提高监管适应性。严格按照金融科技涉及的业务类别和性质进行功能监管。同时，在其各个业务链条中，针对某一特定功能设计具有连续性、一致性，并能实施跨产品、跨机构、跨区域、跨市场协调的监管准则，比如，有些金融科技在消费信贷助贷业务的贷款链条中提供风控建模、授信评估、风险定价、贷后管理等功能，监管机构应按照各个环节的业务特点，匹配相应的监管准则，避免出现监管缺失或者监管不力的情况。

第四，坚持监管的全面性和审慎性。为更好地实现对金融科技体系的有效监管，监管机构应持续外扩监管范围，将监管范围扩展至主营金融科技业务的金融中介机构，尤其是具有系统重要性地位的平台型机构，如第三方科技供应商、新型数字金融服务提供商等。同时，依据包容审慎的原则，加快建立健全相关制度建设，尽快确立其法律地位、制定相关监管制度、明确其业务链条中各个参与主体的权利与义务，配套相关法规，建立符合其特点的审慎监管框架。

重整监管模式，对不同类型业务模式分而治之，务求达到业务准入与监管规则一一对应

一直以来，监管机构未能在传统金融业务与互联网金融科技

业务之间划分明确边界，使得一些金融科技以互联网金融牌照经营其业务，突破了传统金融牌照的束缚，突破了监管的约束，市场上出现了"牛栏关猫"钻空子的情况，导致产品风险、业务风险急剧攀升。

第一，以风险为导向，区分业务主体和业务范围。监管机构应在产品监管、业务监管的基础上，加快构建以风险监管为主体的新机制、新模式，严格定义各类风险的内涵和外延，清晰界定各类风险的业务主体及其业务范围，为各类风险制定有针对性的风险处置工具及配套的处置方案。

第二，拆分传统金融牌照，明确展业准入要求，细化展业范围。监管机构要以更灵活的监管方式应对当前的监管短板，跳出固有的监管逻辑，以监管创新应对行业创新。比如，将已有的全牌照进行拆解，划分为多个有限牌照，按金融科技实际展业类型颁发相应的业务准入的牌照。如此一来，一方面，有助于防范金融科技突破其展业范围，规避监管规则；另一方面，有助于引导金融科技专注主业，积极创新，同时，也能对不同风险类型的机构采取有针对性的监管举措。

第三，针对业务特点，更新升级监管指标。在把握包容审慎原则的同时，还要基于特定的金融业务模式制定相应的监管标准，采取特殊的创新监管办法。监管机构应重点跟踪金融科技各类金融业务的真实杠杆率，制定专门的穿透式创新监管办法。比如，设立更加严格的最低资本要求、流动性风险监管要求、市场风险监管要求、信贷集中度要求、关联交易管理要求、杠杆率要求、操作风险管理要求等，避免金融科技滥用杠杆、随意放大杠杆、过度授信，导致风险外溢至银行体系。

功能监管和行为监管并重，构建符合我国特点的金融业行为监管与消费者保护体系

从近年来各国监管改革转型的经验来看，各国普遍加大了消费者保护力度，消费者保护已被提升到监管新高度。比如，欧洲已经实施的"审慎监管+行为监管"的双峰并重监管模式，就对完善消费者保护机制发挥了重要作用。同时，近年来，各国针对金融科技开展的监管检查，也主要以保护消费者合法权益为重心。从这两方面来看，构建符合我国特点的金融业行为监管与消费者保护体系意义重大。

第一，加强行为监管的顶层设计。权责明确是实现监管协同的重要前提。结合当前金融科技业务的发展趋势，根据中央监管机构和地方监管部门的特点，重新梳理监管职能，避免重复监管和监管空白并存。进一步明确中央监管机构和地方监管部门的职责分工，推动央地监管机构各司其职、各担其责，尤其是要明确规定对非金融企业违法违规开展金融业务治理的制度安排和制度保障，形成一体化的管理机制和有效方案，既要防止出现"铁路警察各管一段"的情况，也要防止差异化标准导致的监管套利，更要防止互相推诿、互相推脱，漠视消费者权益的情况。

第二，建立相应的业务信息披露标准。长期以来，金融产品结构复杂、信息披露不充分、用语过于专业等问题饱受消费者诟病，导致金融消费者难以识别其中的风险。因此，监管机构要进一步明确规定产品销售宣传的规范和标准，严禁夸大产品收益，充分披露产品存在的风险，做足风险提示。严格监督机构根据金融产品和服务的特性评估其对金融消费者的适合度，合理划分金融产

品和服务风险等级以及金融消费者风险承受等级，将合适的金融产品和服务提供给适当的金融消费者，让金融消费者深入了解金融产品的功能实质、潜在风险，以更好地维护自身合法权益。

第三，借鉴国际经验，单独设立消费者保护监管机构。随着金融产品结构日趋高度复杂化，一旦消费者出现金融纠纷，往往难以找到合适的监管机构投诉。同时，监管机构常常受到自身权责的约束，难以对涉及多类型机构、多类型风险、多类型问题的消费者投诉给予及时和准确的反应。尤其是对于金融科技参与的产品和服务，此类问题更为突出。有鉴于此，监管机构应参考借鉴英国、德国监管机构在消费者保护职能、建立独立的消费者保护机构方面的经验，以人民银行、银保监会、证监会原有的消费者保护监管部门为基础，建立独立的消费者保护局，与"两会"并列，接受人民银行的监督和指导，以满足当前消费者权益保护需求，更好地补齐监管短板，打通消费者维权关键环节的难点和堵点，形成通畅的处置机制和处置方式。

创新监管框架、丰富监管工具，建立提升监管科技的长效机制

随着金融科技对金融行业的产品和服务的重塑，科技也正在深度改变金融业，引领金融业向数字化、智能化方向发展。监管机构也要与行业发展保持同步，积极利用科技手段来推动管理机制创新、工具创新、技术创新。

第一，积极推动监管内部组织架构变革。当前，科技已经成为金融业发展的核心动力，谁掌握了前沿科技，谁就能在未来的竞争

中占得先机。这一点对于监管机构和金融科技、金融机构来说同样适用。面对当前持续推陈出新的科技，监管机构更要保持高度的敏感性，对新科技和新技术保持学习能力和发现能力。但总体来看，监管机构现有的科技部门还不具备这样的功能，监管机制亟须创新。从国际经验来看，在监管机构设立高级别的首席科技官或者首席数据官，并围绕这一职位建立配套的支持部门，将有助于监管部门保持不慢于整体行业的速度去吸纳和引入最新的金融科技。先于市场风险积聚，建立健全的监管机制，在新兴风险还处于苗头阶段时，就使监管有法可依、有规可循，合法合规地化解处置风险。

第二，建立"监管沙盒"机制，解决监管滞后性问题。从各国实践来看，一些金融科技推出的新产品、新服务，很难在传统测试环境下确保风险全部被识别。部分原因是因为传统测试模式缺少对新产品、新服务的风险经验积累，也有部分原因是新产品、新服务与当前一些非原则性监管规则存在矛盾和冲突，难以测试。为解决这一难题，"监管沙盒"应运而生，一经推出后，广受各国欢迎。2020年，我国在多个城市和地区试点探索了这种机制。但是，相对于欧洲国家，我国国土面积大，区域性差异大，单靠"监管沙盒"机制无法满足行业创新发展的需求。为加快提高监管的前瞻性，增强监管的有效性，我国还应尽快建立区域性的创新中心，并以此为创新枢纽，加大"监管沙盒"试点推广力度，提高试点的效率和适应性，更好地监测参与试点金融科技产品的风险规模及可行性。

第三，大力发展监管科技，尽快推进建设全国层面的"监管大数据平台"。从我国国情出发，监管机构在加快金融业综合统计和信息标准化立法的同时，还应抓紧建设监管大数据平台，充分利用科技手段，全力推动监管工作信息化、智能化转型。一是要加快升级监管数据获取方式。通过应用程序接口等方式使金融科技的数据库与监管部门进行直联对接，使监管部门可以随时从中提取所需数据，从而提高监管数据的时效性和处理效率。二是要利用自然语言处理等技术进行非结构化数据的提取和利用，增加非标准化数据（司法判决、新闻、年度报告等）的运用，加强穿透式监管。三是要运用机器学习技术，前瞻性地研判风险情景，实时监督各类违法违规行为，有效解决信息不对称的问题，消除信息壁垒，给监管干预留下充足的时间窗口。

数据治理及网络安全方面

加快制定个人金融信息保护相关立法和标准制定工作，重点推进数据确权、分级等重点问题攻坚

我国在2020年已出台《民法典》和《个人信息保护法（草案）》两部重要法律。前者明确了个人信息受法律保护；后者则聚焦于个人信息保护领域的突出问题，构建了较为完善可行的个人信息保护制度规范。在此基础之上，我国"监管部门正在研究制定金融数据安全保护条例，构建更加有效的保护机制，防止数据泄露和滥用"。[①] 其中，数据确权等数据市场化配置及报酬定

---

① 银保监会主席郭树清在2020年新加坡金融科技节上的讲话，2020年12月。

价的基础性问题亟待解决,数据治理、融合应用、数据保护等问题依然突出。我们认为,在此基础之上,未来,我国金融监管部门需进一步推动与个人金融数据保护相关的立法和标准制定工作,加快制定《个人金融信息保护法》。其中,主要对以下重点问题进行攻坚。

第一,推进数据确权工作。金融科技目前实际上拥有数据的控制权,需尽快明确各方数据权益,加强数据标准、数据模型、资产目录建设和管理,厘清数据权属关系,做好数据所有权、使用权、管理权和收益权的科学界定,推动完善数据流转和价格形成机制,充分并公平合理地利用数据价值,依法保护各交易主体的利益。具体而言,包括"开发者与管理者分离""数据所有权与使用权分离""对数据使用权分级分类""对数据分级分类量化责任"等措施,以确保用户消费类型数据的安全及消费者隐私保护,更有益于消费型数据在未来各个领域的广泛妥善利用。

第二,实施严格的数据分类分级管理。遵循"用户授权、最少够用、专事专用、全程防护"的原则,充分评估潜在风险,加强数据全生命周期安全管理,综合国家安全、公众权益、个人隐私和企业合法利益等因素,依据数据重要程度和发生安全事件的影响范围,实施严格的数据分类分级管理,按照不同分类和等级实施不同程度的安全控制,逐步建立分级、分类、分域的数据管理模式,实现数据的精细化管理与差异化防护,把好安全关口,严防数据泄露、篡改和滥用。

第三,做好标准制定工作,有效保障金融数据安全。严格按照"谁主导谁负责"的原则,明确不同阶段数据安全和个人信息保护责任人,制定数据采集、管理、使用、流传、销毁等环节的标准，明确个人金融信息收集、传输、存储、使用、删除、销毁等全生命周期安全防护要求。

探索新型市场化的金融数据共享开放平台建设，重点建立个人金融数据的使用、流动和保护机制

《中共中央关于制定国民经济和社会发展第十四个五年规划和二〇三五远景目标的建议》提出"建立数据资源产权、交易流通、跨境传输和安全保护等基础制度和标准规范，推动数据资源开发利用。扩大基础公共信息数据有序开放，建设国家数据统一的共享开放平台。保障国家数据安全，加强个人信息保护"。在金融领域，我国虽已由官方建立了人民银行个人征信中心，创新探索的百行征信也已运行三年，但市场机制偏弱，仍未达到市场预期，打破数据垄断、数据鸿沟、数据孤岛等问题仍未有实质性破局。因此，当前我国亟须建立一套金融数据的使用、流动和保护机制。百行征信已采用"中国互联网金融协会+8家试点机构"的市场化运作方式，"国有金控集团+互联网公司"的第二张个人征信牌照也已经于2020年12月底获得中国人民银行批复通过。因此，一方面，可以复制上述模式，形成相对集中的点状数据共享开放平台；另一方面，也可以借鉴国际经验，采用"渐进式数据共享授权"（市场份额越大，共享数据比例越大）的方案，直接要求金融科技公司共享匿名数据，同时由监管机构建立在线的数据持有者目录，金融科技公司公布其数据类型并保障目录更新的频率和准确性。[1]

---

[1] 牛津互联网研究所维克托·迈尔·舍恩伯格，2019年。

厘清大数据算法等监管空白环节，探索"设立算法伦理专门机构"等新型监管措施

金融科技公司的业务逻辑是通过大数据算法对海量用户数据进行深度分析计算从而实现精准用户画像、精准风控等，而这本质上使其数据优势异化为"算法权力"，形成了一种新型权力形态。而此前反垄断监管规制尚未涉及的领域，则形成了新的监管空白，引发了新的金融歧视与金融不公。因此，监管部门需重点关注金融科技是否存在利用算法黑箱误导、诱导或强制消费者的行为，并厘清其内在逻辑及结构制定监管对策，如设立算法伦理专门机构，负责不公平算法应用调查处理，并设立相关政府部门负责加强对算法应用的有效监管。强调对于涉及公共利益、生命健康和财产权利等内容的算法应当强化管理，并加强对于具有市场支配地位平台的管理。

建立覆盖所有金融活动主体的专项信息报送制度和信息披露平台，对中介机构实施分类分级管理

目前，我国针对持牌金融机构的数据报送和监管规制已至臻完善，但针对互联网金融创新市场，尤其是金融科技关联的金融服务机构或中介机构等从事非金融业务而又与金融高度关联的机构的监管仍处于探索阶段。2020年6月，中国人民银行调查统计条线完成了金融基础数据等各项统计制度的制定与实施，建设了符合大数据发展方向的国家金融基础数据库。在上述基础之上，仍需建立一个强制性、专项信息的统一披露机制和数据平台。

第一，在用户层面上，在传统金融的"经营管理"与"业务财会"二维信息的披露模式下，将金融科技纳入披露范畴，对现有消费者权益保护理论、信息披露理论进行修正和完善，实现投资者、消费者与互联网金融业务经营者之间的权利与义务的再平衡；在确定金融科技信息披露内容和原则的基础上，从消费者权益保护与金融监管两条路径进行制度的重新构建。确保产品风险的充分提示，以及业务信息的全面披露。

第二，在市场层面上，建立专项信息披露平台和专项机构库，如消费信贷助贷业务、金融中介机构，可由银保监会牵头、中国互联网金融协会组织，会同商业化的市场从业机构，建立一个互联网消费信贷的专项登记披露平台（要求各法人机构定期报送其产品数据，如业务量、利率和不良率等关键指标）、助贷机构库（要求各法人机构定期报送其基本信息及财务数据）。同时，需要注意的是，将从事同类业务的持牌金融机构以及小型创新创业公司一并纳入本项目范畴，警惕监管规制变成仅针对金融科技的监管规制，引发另一种监管失衡。

强化金融网络安全顶层设计，筑牢系统安全防护体系[①]

目前，中国银行业务离柜交易率已达到90%以上，金融服务对网络形成了高度依赖。相对于传统风险，网络风险扩散速度更快、范围更广、影响更大。突发性网络安全事件也对金融机构的应急管理提出了更高要求。

---

① 范一飞.谱写新时代金融信息化发展新篇章［J］.中国金融，2020，（19-20）.

第一，强化金融网络安全顶层设计。严格落实《中华人民共和国网络安全法》，出台金融网络安全、金融关键基础设施保护等规章，制定金融网络安全等级保护等规范，建立规范化、法制化的金融网络安全制度体系。

第二，筑牢系统安全防护体系。加强对金融网络安全政策、技术、形势等方面的研究，打造金融网络安全管理专业团队，深入开展网络安全攻防对抗演练，建设跨行业、全局性安全态势感知与信息共享平台，构建金融网络安全风险联防联控机制。

第三，加强数据资源安全保护。规范金融数据全生命周期分级分类安全管理，重点针对海量数据存储、跨境数据流动、个人信息保护等方面建立长效安全防护机制，严防金融数据资源泄露、篡改与不当使用。

第四，提升业务连续保障水平。健全 IT 运维一体化管理和应急管理体系，搭建金融级云灾备平台，构建异地多活超融合数据中心，持续推动重要业务系统分布式架构改造，保障金融体系稳定运行。

反垄断及市场公平竞争方面

加强对新型垄断的研究和立法工作，厘清金融科技企业金融垄断的本质并制定对策

金融科技企业形成的新型互联网垄断与工业时代的传统垄

断，在成因、特征等方面均出现了新的变化。历史上从未出现过当前全球范围内科技企业"赢者通吃"的局面，这是"技术变革带来的必然结果"。金融科技以变革者的角色进入金融领域，改变了传统金融的商业模式，进而催生了新的垄断方式——与美国标准石油的"托拉斯"形式的垄断组织不同（通过人为的加盟方式形成严格的排他性组织），科技巨头垄断的起因是给公众创造便利，从而掌握了用户流量，拥有越来越多的用户之后形成垄断。[①]因此，监管部门需要加强对新型互联网垄断的研究和立法工作，把握其本质，并有针对性地制定、更新金融反垄断的相关法规。

有效落实现有金融反垄断监管措施，加强金融科技反垄断审查、调查

对新型"大而不能倒"的金融科技的反垄断监管，依然无法脱离传统的、已被验证有效的监管手段，并真正做到落实到位，改变我国过于宽松的反垄断执法态度。

第一，借鉴国际经验，如禁止垄断协议、禁止滥用市场支配地位、控制经营者集中等做法，同时，考虑我国互联网等新经济业态的实际情况，积极推动《反垄断法》的修订工作。不断推出相关规则与指南，细化反垄断法律制度，并结合行业特点，对互联网等新经济业态法律适用问题有针对性地做出规定，增强反垄

---

① 蒋梦莹.专访陈志武：疫情加剧民粹主义，中国科技巨头需反垄断的制约［EB/OL］.澎湃新闻，2021.

断法律制度的可操作性和可预期性，保障竞争规范有序。

第二，通过反垄断执法着力预防和制止垄断行为，督促企业依法合规经营。一方面，加强关联交易审查，金融科技在集团内发生的关联交易应遵循市场原则，不得违背公平竞争和反垄断规则。特别关注其是否涉及虚假注资、利用关联交易隐蔽输送利益、套取金融机构资金等行为。另一方面，加强并购审查，金融监管机构可以与反垄断执法机关合作，共同审查金融科技收购初创企业或潜在竞争对手的行为。确保维护公平竞争的市场秩序，创造和维护良好的市场竞争环境。

围绕金融科技的数据垄断、滥用市场支配地位等关键问题，探索特殊的创新监管方式

传统反垄断立法聚焦于垄断协议、滥用市场、经营者集中等问题，而金融科技在此基础上产生了许多新现象和新问题。金融科技行业"赢者通吃"特征的形成，往往是利用其独特的数据垄断优势，实现排他性和垄断性，从而阻碍公平竞争、获取超额收益——而这极易引发新的垄断形式，例如，以算法掌控供需双方之间的议价权、更为隐蔽的掠夺性定价等。部分金融科技在小额支付市场上占据主导地位，具备了重要的金融基础设施的特征，进而又涉足各类金融和科技领域，跨界混业经营，形成了新型"大而不能倒"风险。因此，对于金融科技的新型反垄断监管，需要溯及问题的本源，更为精准地关注其是否妨碍新机构进入市场、是否以非正常方式收集数据、是否拒绝开放合理的信息披露制度等。在此基础之上，监管部门建立特殊的创新监管方式——

坚持依法合规原则，贯彻法治精神，完善监管体系，补齐制度短板，不断适应新的发展趋势，增强监管措施的针对性、适用性和可操作性。

着重对金融科技的烧钱补贴等非正常竞争手段进行穿透式审查，防止资本无序扩张

"烧钱补贴"和"猎杀式并购"是互联网企业惯用的非正当竞争手段，需重点加强该领域的反垄断监管。监管部门需采取穿透的方式审查金融科技平台使用"低价补贴""烧钱补贴"等非正常手段抢占市场份额、阻碍公平竞争、获取超额收益等违反《反垄断法》的垄断行为。在传统反垄断领域，补贴被看作掠夺性定价的第一步，是为排挤竞争对手而故意以明显不合理的低价格（通常低于成本）销售产品。在互联网竞争中，补贴被当作缩短新产品市场交易时间的武器，出现了"羊毛出在猪身上""以高频打低频"等双边或多边竞争策略。监管部门要及时约谈平台，对其非正常行为进行规范，并责令相关平台负责人立即停止实施涉嫌不正当竞争和垄断的违法行为，加大处罚力度（制定适合当前形势的新型处罚规章）。从而实现防止资本无序扩张，防止损害后果持续扩大，引导平台向消费者提供优质的产品和服务。

附 录

附录一
有关平台金融科技公司监管的问题

金融科技业务及属性的认定问题

近年来,多家机构将转型金融科技作为业务方向,在对外宣传中也屡次强调自身的金融科技属性。那么如何验证各类机构所称的开展的金融科技业务是否属实?能否制定明确的标准来认定一家机构的金融科技属性?

判定一家机构是否开展金融科技业务的关键,是明晰金融科技的定义和内涵。我们给金融科技下的定义是:通过新一代的信息技术,将数据、技术和金融联结起来,并形成新的金融服务、组织和模式。金融科技包括信息技术在传统金融机构的运用,以及平台公司和科技公司等非金融机构介入金融业务流程的分工。其中,信息技术在传统金融机构的运用比较好分辨,比较难辨别的是平台公司和数据公司等非金融机构所从事的业务是否为金融科技业务。

  我们认为，判定一家机构所谓的开展的新业务是否属于金融科技业务，有两个要点。一是看这家机构的新业务是否使用了移动互联、云计算、大数据、人工智能和区块链等新一代技术手段。二是看是否介入传统金融获客、客服、风控、营销、支付和清算等前、中、后台业务中的某一个节点，试图解决金融服务领域中的某一个或某些"痛点"问题，最终形成新的金融服务、组织或模式。比如具有代表性的金融科技创新业务有移动支付、大数据征信风控、智能投顾等，具备这些特征就代表这家机构实质开展了节点型金融业务，具有金融科技公司的属性。

  目前，关于如何认定一家机构的金融科技属性，我国监管机构还没有出台明确的标准。我国传统的金融监管模式是机构式监管，市场上也出现了一些监管空白和监管套利现象，比如P2P网贷、网络互助等，给金融市场带来了风险。所以，我们应改革金融监管，在现有机构监管的基础上，结合功能监管，即根据金融活动的性质来进行监管。对有相同功能、相同法律关系的金融产品按照相同的规则接受一致的监管，而不管发生在哪个机构。

  鉴于金融科技公司对金融业务的节点式介入，我们提出，未来可以考虑根据现有的分工状况，拆解现有的全牌照，根据介入程度的深浅构建分级牌照体系，划分为全牌照和有限牌照。全牌照可以开展某项业务的全部节点；有限牌照需要与全牌照或其他有限牌照结合才能构成从事某项业务的完整资质。我们应依据不同金融科技公司的业务特征制定合理的、有差别的准入门槛，以有效防范金融科技创新带来的风险。

反垄断问题

在反垄断治理下,大型科技公司利用数据垄断阻碍公平竞争被诟病,同时也涉及金融科技领域的垄断。对此,监管部门应如何采取有针对性的监管措施?

大型科技公司通过建立平台,以丰富的业务场景为切入点,为供需双方提供对接和撮合服务。这种创新有别于传统价值链上某个具体环节的创新,是颠覆式创新。在这种模式下,用户是平台的客户,用户在平台上消费的过程中成了平台的资产,也成就了平台对用户的支配地位。因此每个平台都在不知疲倦地创造新场景,吸引新用户,留住老用户。从某种意义上说,平台是市场运行的结果,支配地位是平台的内在要求。我们的反垄断,不是要反对具有市场支配地位的平台,而是要反对滥用市场支配地位的行为,这也是《反垄断法》的要求。滥用市场支配地位表现为价格上的欺诈、定价杀熟、掠夺性定价、拒绝交易、限定交易、捆绑销售、差别待遇、排除或限制竞争的横向或纵向的垄断协议,旨在消除竞争对手的经营者集中行为等。

为了尽量避免大型科技公司利用数据垄断优势阻碍市场公平竞争,我们提出了探索建立个人数据账户制度的建议。大型科技公司的两大优势是数据优势和技术优势,尤其是其中的数据优势,当前市场中普遍存在数据孤岛的问题,不利于数据资产价值的发挥。探索建立个人数据账户制度,一方面,赋予用户充分的知情权,让用户完整地了解平台公司收集了哪些个人数据,从而为后续权利的主张提供基础;另一方面,我们认为,平台公司有义务在用户授权后将相关数据有偿向第三方公司开放,从而联通数据,解决孤岛问题。对用户知情和授权的安排,充分体现了"我的数据我做主"的原则,也为众多数据需求方提供了一个光明正大地获取用户数据的途径,有利于解决当前数据交易中灰色产业链的问题。同时,由于在数据的协同过程中伴随着数据需求方向数据原始收集方的付费,因此该机制有利于提高公司合规收集用户数据的积极性,也有利于数据资产形成市场定价,是一个兼顾权利保护和行业发展,平衡多方利益的良好机制,能有效预防大型科技公司利用数据垄断阻碍公平竞争等问题。

大型科技公司介入金融业务是其流量变现的最好途径,因此我们可以从平台金融科技公司入手规范平台企业的数据治理。如果平台金融科技公司确实存在利用数据垄断优势阻碍市场公平竞争的情况,那么就应当基于法治原则,及时采取干预措施,该阻止时阻止,该处罚时处罚,该分拆时分拆。

监管力量问题

研究建议将金融科技数据管理纳入监管体系,尽快建立我国的金融科技监管和数据治理体系。那么以目前监管部门的技术力量和资源,是否能做到对大型互联网企业所使用的先进信息技术或算法的监管？监管部门在技术方面还有哪些方面需要改进与提高？

信息技术和数据的合法合规应用，关系到行业与市场的健康发展。监管部门在维护市场公平竞争、防范垄断、保护公民隐私方面有必要建立一套合理有效的监管机制，并通过监管科技的运用，有效保护合法竞争，坚决防范系统性金融风险，为市场各参与方保驾护航。监管机构如何准确认知和理解信息科技的本质、技术的发展方向和技术的实际应用，解构大数据作用于整体业态的原理，是建立金融科技监管机制的必要前提。

近年来，监管部门通过学术探讨、课题研究与实地考察等方式，广泛收集并吸纳各领域的智慧，充分调动并汇集全行业力量，已经完成了扎实的技术与资源储备。通过"监管沙盒"等一系列金融科技创新监管试点工作，监管部门在持续地构建符合我国国情、与国际接轨的金融科技创新监管体系和工具，引导持牌金融机构在依法合规、保护消费者权益的前提下，运用现代信息技术赋能金融提质增效，营造守正、安全、普惠、开放的金融科技发展环境。可以说，监管部门进行了有效、有益、大量的先行实践与探索工作，为后续建立长效的监管机制打下了良好的基础。

在实践中，监管部门基于监管目标和具体问题来做出技术方案选择，而技术只是解决方案的一部分。有效的监管实践，需要法律法规的支撑，需要持续完善的运行机制，也需要相关主体的配合与自律。以算法为例，能否围绕透明度、可解释性、安全性和问责制建立框架，在保证相关人员履行必要的保密义务基础上，及时有效地掌握各市场参与方对算法的开发及使用情况，做到事前、事中和事后的全流程风险监控，不仅是技术选择或评审的问题，更是一个综合的、需要各方协同的机制建设问题。

  监管部门要适应数字化时代的金融监管要求，我们认为应加强三方面的能力。一是提高对金融业务本质特征的认知分析能力，这样才能在金融科技企业介入金融服务节点时准确判断其本质，进行相应的监管。二是提高数据分析能力和对算法、模型评判的能力，否则即使企业向监管部门提供了应用程序接口，报备了算法、模型、数据，监管部门也难以有效地进行判断与监管。三是提高监管协调能力，平台经济是多方链接的生态圈，对为其服务的金融科技企业的监管也会涉及多个监管部门，比如市场监管、信息监管以及不同金融业务的监管，特别是对金融科技企业的数据治理监管离不开与信息主管部门的配合。只有加强监管协调能力，才能提高监管效率，做到既不留死角，又不把企业管死。监管部门若要提高这三方面的能力，一方面需要增加既懂金融又懂信息技术的复合型人才，另一方面需要监管部门在组织架构上适应这种管理的要求。

技术风险监管问题

  研究中提到"技术风险要纳入宏观审慎监管范畴，根据系统重要性程度附加更高的数据治理要求和监管标准"。那么对于技术风险的监管，应该如何具体量化标准呢？

金融科技的发展主要体现在科技对金融的过程再造和进程中所使用的科技的不断进步。在这种背景下，技术风险也在逐步积聚。因此，我们建议，技术风险首先要纳入宏观审慎监管范畴，根据系统重要性程度附加更高的数据治理要求和监管标准，确保监管模式和监管技术与时俱进，并且始终具有针对性和有效性。对于目前监管部门还不甚了解的新业态，可以试行"监管沙盒"机制，守住不发生系统性金融风险的底线，保证审慎监管、功能监管、行为监管、穿透监管的持续发力。

在具体的技术风险监管规范和标准方面，2020年11月，由中国人民银行起草，会同全国金融标准化技术委员会（金标委）归口管理，共同发布了三项重要的金融科技行业标准规范，包括《金融科技创新应用测试规范》（JR/T 0198—2020）、《金融科技创新安全通用规范》（JR/T 0199—2020）、《金融科技创新风险监控规范》（JR/T 0120—2020）。

这三项规范既适用于从事金融服务创新的持牌金融机构和从事相关业务系统、算力存储、算法模型等科技产品研发的科技公司，也适用于相关安全评估机构、风险监测机构、自律组织等。

这三项规范所涵盖的主要内容分别如下。

第一，《金融科技创新应用测试规范》明确了从事前公示声明、事中投诉监督、事后评价结束等全生命周期对金融科技创新监管工具的运行流程进行规范，明确声明书格式、测试流程、风控机制、评价方式等方面要求，为金融管理部门、自律组织、持牌金融机构、科技公司等开展创新测试提供了标准和依据。

第二，《金融科技创新安全通用规范》明确了对金融科技创新相关技术产品的基础性、通用性要求，例如在规范里规定了金融科技创新的基本安全要求，包括交易安全、服务质量、业务连续性、算法安全、架构安全、数据安全、网络安全、内控管理等。在个人金融信息保护上，指出要进行全生命周期防护和安全管理。金融科技创新机构应从个人金融信息采集、传输、存储、使用、删除、销毁等方面制定全生命周期防护措施，并应从安全策略、访问控制、监测评估、事件处理等方面采取个人金融信息安全管理措施。

第三，《金融科技创新风险监控规范》明确了金融科技创新技术风险的监控框架、对象、流程和机制，要求采用机构报送、接口采集、自动探测、信息共享等方式实时分析创新应用运行状况。在技术监控对象上，包含业务系统、API、SDK（软件开发工具包）、App 四类，内容主要包括个人金融信息保护、金融交易安全、业务连续性、服务质量、技术使用安全内控管理、网络安全、意见投诉、公开舆情等。基本原则有四类：安全可控原则、开放共享原则、隐私保护原则、披露与监管原则。其中也包括技术使用安全，要求对人工智能、大数据、云计算、区块链和物联网等新技术进行监控，实现对潜在风险的动态探测和综合评估，确保金融科技创新应用的风险总体可控，最大限度地保护消费者的合法权益。

平台经济是否应当国有控股问题

有观点认为，平台经济具有保障国民数据安全的责任，因此应该国有控股。这个观点是否正确？

社会经济数字化的大趋势下，平台经济的发展促进了我国社会和经济的发展，这方面我国走在了世界前列，我们要珍惜这一形势。但是，目前平台经济的发展也暴露了许多问题，我们要认真对待。特别是平台科技企业具有一定的基础设施属性和公共属性，既负有保障国民数据安全的责任，又具有维护市场秩序的职能，因此必须受到政府合理规制。应聚焦于平台经济中的数据治理问题，从完善数据治理制度建设切入。

首先，我们建议对与金融机构合作的数据公司进行分级金融牌照管理，并加强对其数据治理的监管。数据治理监管的重点：一是数据采集的规范性，明示数据用途，坚持"合法、正当、必要、最小化使用"的原则；二是对个人隐私的保护，如需加工，则必须保证脱敏处理，非经特别授权不可被恢复；三是算法和模型须可审计、可监督，且符合伦理道德、非歧视；四是保护消费者利益，保障客户有质询、申述渠道。我们希望通过对平台金融科技公司的监管为加强对数据公司的监管积累经验。

其次，我们提出了探索建立身份认证数据与业务数据隔离的个人数据账户制度的建议，就是要让数据阳光化、透明化，有序交易，供社会运用，体现数据的公共属性。

最后，为了保证数据公司更好地保障公众利益，我们建议可以对系统重要性数据公司实行金股制度，即政府持有该公司的金股，对公司有违公众利益的决策实行否决，但不干预公司的日常经营，这比让某个国有企业控股重要的数据公司更有利于平衡保障公众利益与保持企业活力。因为国有企业控股也不如政府金股更能排除利益的诱惑，保障公众利益。当然，如果有业务协同的国有企业与平台公司进行合作且获取控股地位是市场选择的结果，那也应当鼓励。

个人数据账户问题

研究中建议探索建立"个人数据账户"制度，平衡数据保护与挖掘。实际上现在平台金融科技公司已经对用户在互联网上产生的数据进行了深度学习和用户画像。那么在这种情况下，如何保护用户隐私和数据安全？建立"个人数据账户"具体该如何推进？

首先要对数据的本质和分类维度做一个说明。

数据是我们对物理世界和人类行为的观察记录和分析归纳，是数字经济时代的基本生产资料。数据分为基础记录数据以及基于这些基础记录数据的统计分析数据。用户画像和我们平时所说的大数据属于统计分析数据的范畴。对人类行为的原始观察记录数据一般带有用户个人识别信息，是当前相关问题频发的领域，因此我们对数据的管理应重点放在对带有用户识别数据的基础记录数据和统计分析数据的管理上。

基础记录数据要经历产生、采集、转换、存储、应用、协同、归档、销毁等过程。保护用户隐私和数据安全就是这些环节内产生的问题。问题产生的原因有多个方面，但根源层面是我们尚未建立起完善的数据治理机制。当前越来越多的公司经营活动基于数据资产来开展，对数据的需求越来越旺盛，而在没有一个合规的渠道能满足需求的情况下，它们就转向了地下交易，导致数据掮客盛行，个人隐私泄露严重，数据安全受到威胁。

因此我们提出了探索个人数据账户的制度设计，该制度重点解决三方面的问题。一是通过公民数字身份认证体系实现业务数据和身份信息的分离。二是平台科技公司在个人数据账户充分地向用户披露数据收集情况下实现数据采集的合规，这个目的是通过赋予用户充分的知情权来实现的，即平台有义务将收集的用户数据完完整整、一五一十地告知用户。用户若发现其中存在不合理或不正确的部分，就可以提出异议，进而监督和改进数据收集。三是促进数据协同环节的合规。即数据需求方可以通过平台向用户提出数据协同申请，在用户同意并向数据产生平台支付相应费用后即可获取这些数据。这体现了"我的数据我做主"的原则，同时也给数据需求方开了一个正门，其需求能够通过正门得到满足，就不必去地下市场交易了，相当于堵上了旁门。

我们希望通过建立个人数据账户制度，解决用户隐私保护、数据安全和数据挖掘的平衡等问题。至于如何落实，我们正在开展后续研究，今后会从现有法律制度的完善和市场机制建设这两个层面推进。

分级牌照问题

在金融科技监管方面的研究中提到了建立分级牌照体系，按平台金融科技公司实际从事的节点业务类型，颁发相应的业务准入牌照。但目前一些超大型科技平台都在追求金融全牌照。那么对于这些节点金融业务很难明确界定的平台巨头，该如何有效监管？

我们所讲的分级分类牌照是相对于全过程金融业务与节点金融业务而言的，比如存款、贷款和支付结算是商业银行的主要业务，只要有商业银行牌照就有这三项基本业务。但在平台经济发展的过程中，平台公司做了商业银行的支付结算业务。这是在网上交易时，由于个人支付工具不足产生的新业态。为了满足社会的需求，人民银行发放了支付牌照，成立了第三方支付公司。这是对商业银行牌照的细分。在支付牌照中，人民银行又分了网络支付、预付卡和银行卡收单等几种细项。

我们提到了金融科技公司介入贷款业务某个环节的现象。金融科技公司无论是引流、获客、助贷还是帮助银行做风控、做贷后管理，都不同程度地介入了信贷业务的某个环节。这是技术发展后社会分工的新变化，我们称之为"节点型金融"。这些活动都会对贷款质量产生或大或小的影响。为了落实金融活动要全覆盖监管的要求，我们提议对它们用发放有限牌照的方法进行管理。

通常说的超大型科技平台公司追求的金融全牌照，是指它们希望得到银行、证券、保险、信托等多种金融牌照，是拿全各类金融业务的牌照，不同于我们在这里讲的与节点金融的有限牌照相对应的全牌照。按目前的监管要求，一个集团控制了银行、证券、保险、基金等牌照中的两个及以上的牌照，就必须组建金融控股公司进行经营。

合作模式问题

当前科技公司、数据平台与金融机构的合作越来越多，在平台经济监管趋严的态势下，这对金融机构尤其是银行业而言有什么影响？如何把握金融机构和科技公司、互金平台合作的边界和领域？关于科技公司和金融机构的合作模式方面，有什么新的研究进展？

平台科技公司与金融机构的合作是方方面面的，有的合作关系比较深入。不少科技巨头为了获得金融业务资质，也通过股权收购、发起设立金融控股公司等方式取得一些金融牌照。对于已经获得牌照的，就按其所持牌照的类型进行监管即可。

目前相对复杂的问题是，平台科技公司从某一金融业务环节介入金融领域。从业务流程的角度来看，有最前端的广告、代销、助贷，有中端的支付收单、联合贷款，也有后端的模型服务、技术服务。从资金流向的角度来看，既包括金融机构借助互联网平台向客户吸取资金的模式，也包括金融机构借助互联网平台向客户提供资金的模式，还包括金融机构联合互联网平台为客户提供资金转移的模式。

我们认为，无论是哪种合作模式，本质上都是信息科技进步带来的金融业务的社会化分工。传统的金融业务是全流程"大工厂"生产组织方式，而信息技术的广泛应用，催生出了"互联网＋金融"（不同于前些年的P2P互联网金融）的业务形式，呈现出个性化、分散化、数据化的特征。互联网平台在合作中专注于金融业务链条中的某项节点型业务，例如数字化获客、产品销售渠道或大数据风控，即"节点型金融"。

平台科技公司从事节点型金融业务，本质上可以理解为平台科技公司将金融业务"反向外包"，即将重资产的业务环节外包给持牌金融机构，将轻资产的技术节点留在平台科技公司内部。此处的"反向"，是针对传统模式下金融机构将非核心业务外包给科技公司而言的，典型的例子就是助贷和联合贷款。

客观上，平台金融科技的发展促进了金融业务的社会化分工不断深化，提高了金融运行的效率。但是，我们从"节点型金融"的视角就可以明确地解答此前一直困扰着我们的一个问题：金融科技到底是属于金融还是属于科技？科技企业如果参与了金融分工，那就具备金融属性，就应叫作金融科技企业，自然就要纳入金融监管的范畴。这就是我们的研究的一个重要出发点。

如果明确了这一划分，对金融科技企业加强监管就不会对银行业产生负面影响，只会让它们之间的合作更加规范，风险更易控制。另外，明确了这一界限，对节点型金融业务实行有限牌照管理，有利于给金融科技公司正名，减少监管套利和监管盲区。

附录二
对于"G、B、C一体化"金融大数据专区试点建设的具体建议方案

组建"G、B、C一体化"金融数据专区的意义和价值

作为新兴的信息资产流转体系，社会信用体系涉及几乎所有的市场主体与政府单位，自身交易体系的"信用"尚未建立，单纯依靠市场力量或政策指引均难以取得良性运转。搭建具备公共服务属性的数据专区"实验室"，在监管部门的统一指导下，打破制约数据融合的鸿沟，依托政策环境与区域优势，形成市场与政策之间的"润滑剂"，助力信用体系加速建立。

第一，超脱市场角色、服务市场协同。搭建聚焦理论研究、技术创新、探索应用的研究机构。在监管部门指导下，遵循不参与市场竞争的基本原则，通过与市场主体的深度交流互动，规范市场秩序、推动市场进步，减少行业资源之间不必要的摩擦与损耗。

第二，推进基础建设、赋能行业发展。搭建开展基础性工作的开放平台，围绕征信市场的产权界定、资产交易、人才培养、标准建立开展实验性研究开发，为行业提供基础设施建设，促进行业整体发展。

第三，服务监管需求、传导监管政策。搭建监管指导下的运营主体机构，帮助监管部门有效对接市场，促进持续观察、理论研究和实践探索，以新手段和新产品，助力信用体系形成新的监管方案和监管技术，并协助监管部门落实政策要求。

第四，嫁接国际视野、促进国际合作。搭建对外开放合作的窗口单位，与领先的国际征信机构建立交流合作关系，引入国际化的研究视野与实践经验，深入研究学习和引进国际前沿征信企业的成功经验，助力我国征信生态体系建设。

数据专区建设方案建议

数据专区的定义与框架

数据专区旨在为特定领域解决实际的产业问题。专区形态的出现，标志着产业数字化的发展可尝试进入深水区，并从产业数字化程度较高的行业（即数据体量足够且结构化程度较高，并且数据管理和应用已初步形成规范的行业，典型代表：金融、零售、广告等）入手，聚焦在业务痛点问题，帮助企业、产业甚至全产业链实现提效、降本。

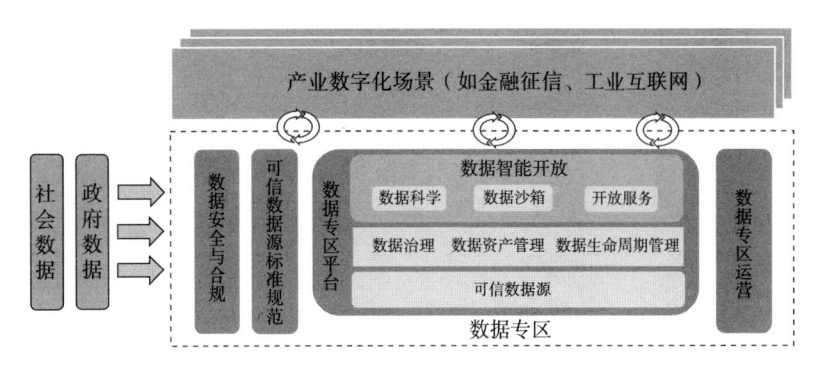

图1 数据专区的定义与框架建议方案

数据专区建设的意义与价值

加速产业数字化进程

数据是数字经济时代的关键生产要素，而政府掌握着社会、企业、个人方方面面的数据，通过建立数据专区模式，让政府的数据开放并服务于产业，解决产业实际的问题，加快产业数字化进程

探索政府数据开放的新模式

政府数据一直以来主要服务于政府内部，如一网通办、社会治理等，数据专区建设是政府数据开放的新模式，基于此模式将构建一套数据开放标准体系及形成一大批开放应用

打造政企生态，实现产业聚集

采用开放平台模式，聚拢优势企业资源。专区的建设需要高度依靠生态发展思维及开放平台模式，以便于快速和有效地集聚优势企业资源，形成产业聚落服务能力，最终通过解决产业实际问题，推动整体产业数字化的发展

图2 数据专区建设的意义与价值

附 录

数据专区建设的原则

第一，确立专区内数据管理和应用的基本原则：内松外紧，严控出入口。

第二，为专区营造一个公平、公正、公开的创新环境并保障风险溢出可控。

第三，专区秉承开放、共创、共赢的基本理念，打造政企生态。

第四，运营和管理是专区运转的重点，政企合作实现共创共赢。运营方式为分层管理。

数据专区的运行模式（政府主导+多方参与）

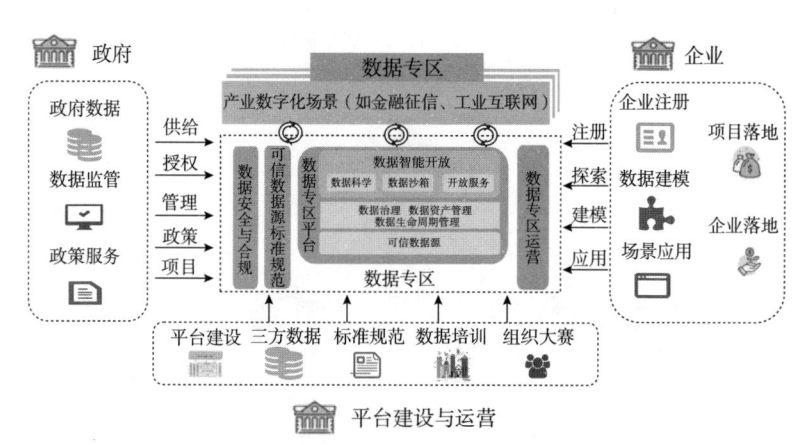

图 3　数据专区的运行模式建议方案

数据专区应用场景（示例）

金融征信

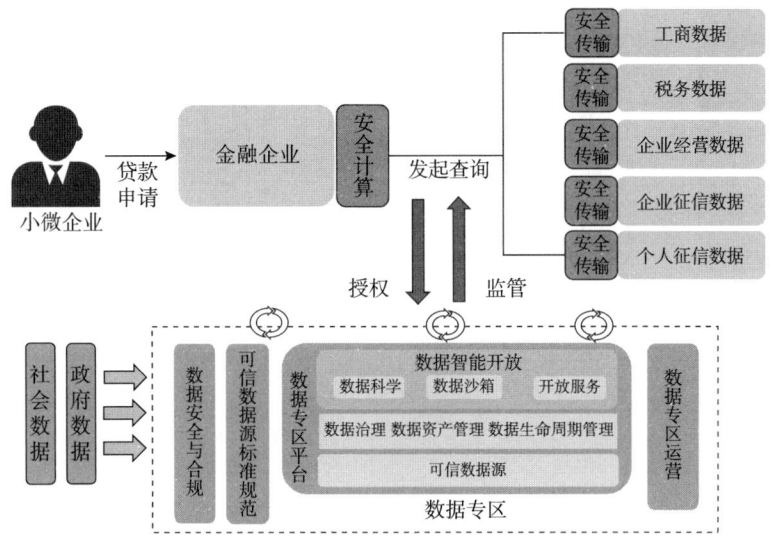

图4 数据专区的金融征信场景建设方案建议

中小微企业信用评级

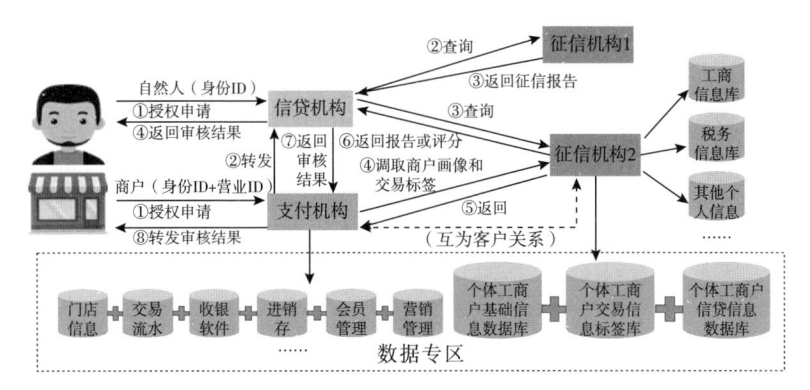

图5 数据专区的中小微企业信用评级场景建设方案建议

附 录

数据专区与外部产业场景平台充分对接

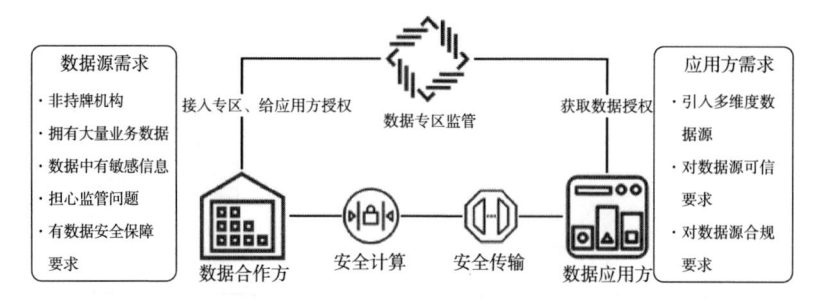

图 6　数据专区与外部产业场景平台对接方案建议

注　释

1. 《中国金融科技前沿技术发展趋势及应用场景研究》，中国信通院，2018 年 1 月 17 日。

2. 毕马威：中国银行业 CEO 季刊（秋季刊），2020 年 9 月。

3. 各国金融监管科技周刊（总第 138 期），2020 年 3 月 16 日。

4. 世界银行 2019—2020 全球金融发展报告，Bank Regulation and Supervision a Decade after the Global Financial Crisis，World Bank Group，2019 年 6 月 30 日。

5. 中国金融科技生态白皮书（2019 年），未来智库，2019 年 7 月 30 日。

6. 金融科技"监管沙盒"首批应用落地：700 字公告背后的监管战略变化，中国金融四十人论坛，2020 年 1 月 15 日。

7. 韩洪灵、陈汉文等：金融监管变革背景下蚂蚁集团估值逻辑研究，财会月刊，2020 年 12 月 9 日。

8. 廖凡：金融科技背景下"监管沙盒"的理论与实践评析，厦门大学学报（哲学社会科学版），2019 第 2 期。

9. 邓建鹏、李雪宁：英国"监管沙盒"的借鉴与思考，互联网金融法律评论，2017年第2期。

10. "监管沙盒"中国化：实现金融科技创新重要路径，证券时报网，2019年11月7日。

11. 李东荣：金融业数据要素融合应用的对策建议，银行科技研究社，2020年12月5日。

12. 范云朋、尹振涛：金融科技背景下的金融监管变革——基于监管科技的分析维度，技术经济与管理研究，2020年第9期。

13. 监管科技：金融科技的监管挑战与维度建构，中国社会科学，2018年第5期。

14. 中国人民大学金融科技研究所、中信证券研究部：数据要素与金融科技创新，2020年11月。

后 记

吴晓灵

多年前在互联网金融炙手可热的时候，我注意到第三方支付、网络小贷以及以余额宝为代表的借助互联网展业的各类货币市场基金，它们在方便了老百姓的支付、小额贷款，在提供了零钱管理及相对稳健的收益的同时，也给银行等传统金融机构的存款、理财、代销等业务带来了冲击。随着体量的显著增大，其对金融市场的影响力也越来越大。此后随着P2P的风险暴露，社会上对互联网金融的质疑也越来越多，互联网金融的称谓被金融科技替代，以体现涉及金融业务必须持牌经营的理念。

2020年11月蚂蚁集团暂缓上市、央行官员约谈蚂蚁集团管理层后，学界和业界专家纷纷发表各自观点，民众也从多个角度发声，一时间将平台公司介入金融的问题推向了风口浪尖。蚂蚁集团因其体量巨大，给金融市场带来了不小的冲击，监管部门及时采取相关预防措施，逐一化解了这些冲击。风波已经逐渐过去，但互联网平台介入金融业务后，给我们的金融体系带来了哪些改变、有哪些好处、我们应当如何看待、如何制定我们的监管原则、如何识别其中的监管重点并制定相应的监管措施,却是需要系统性研究和回答的问题。于是中国财富管理50人论坛与清华大学五道口金融学院一起开展相关研究,设立了"平台金融科技公司监管研究"课题,基于这个课题,就有了《平台金融新时代》一书。之所以叫"平台金融",是为了明确我们的研究范围。金融科技是一个宽泛的概念,包括传统金融机构对信息技术的运用,也包括信息科技公司对金融业务的介入。目前社会争议较多的是大型科技平台企业介入金融业务的某些节点所带来的影响。我们既要看到它所带来的风险,也应看到它对金融业拓展服务范围、提高服务效率的积极作用,兴利除弊,促进金融业的健康发展。

"平台金融"这个课题与我们之前开展的研究有所不同。平台公司借助数据和技术优势介入金融业务,对我而言也是一个较新的领域。为了把研究工作做扎实,我们组建了由金融机构、研究机构、科技公司等专家组成的课题组,直接参与此项研究的有20多人。为了详细了解科技平台公司开展金融业务的相关情况,我们深入调研了互联网平台,一次调研就会持续多天,光是调研提纲就准备了十多页。在调研的过程中,我们获得了大量的一手资料和数据。此外我们还得到了其他金融机构的相关研究和书面素材,这使我们的研究有了较为坚实的支撑。

随着研究的不断深入,我们越发感觉到,平台金融之所以兴起和强大,是因为其具备数据和技术优势。它们铺设了大量的场景,这些场景在方便居民生活的同时,也积累了大量的用户行为数据。基于海量行为数据,它们能够比较精准和实时地刻画用户风险,而且刻画成本远低于传统金融机构,因此能在竞争中取得优势。基于这些优势,平台金融在和传统金融的沟通、谈判、合作过程中逐步建立起了自己的地位。所以，对平台金融公司的监管更多的应是数据治理的问题。

在研究国内情况的同时，我们也注重研究境外相关动态和政策。欧盟的《通盈数据保护条例》中所涉及的数据保护和可携带权是我们讨论的一个重点。我们认为需要充分保护用户隐私和尊重用户权利。行为数据是用户的行为数据，借助互联网平台得以显化和记载，因此应当充分尊重用户的权利。对于包含用户个人识别信息的行为数据，一般而言是用户基于特定业务场景需要做出的授权而收集的，超出此应用范围的，理应取得用户的再次同意，尤其是拿着未脱敏的用户数据对外协同时。只有这样，互联网平台的数据来源才是合规的、经得起检验的。在此基础上，我们认为数据是新时代非常重要的生产要素，应当促进流通，充分协同共享，因此我们在这本书中提出了探索建立个人数据账户制度和双层账户体系的建议。这是一个相对超前的设计，还有很多细节需要进一步明确，本书篇幅有限，希望能够引起行业的共鸣和进一步探索研究。此外，我们还重点研究了美国金融消费者保护局2021年初公布的《联邦消费者金融法》报告，里面也有相关梳理，包括美国金融立法情况、替代数据（Alternative Data）的兴起、对金融消费者权益保护带来的挑战、应当如何完善现有法律体系等，这些都是很好的研究素材。

为了让我们的研究更加经得起检验，我们在初步成稿后还请中国财富管理50人论坛专门组织了会议，请监管部门、金融机构、高校院所、外资机构的相关专家对研究框架和主要观点进行评审，提出改进意见。评审会开了一整天，这可能也是50人论坛举办众多专题研讨会中时间最长的一个。我们深知平台金融是个新生事物，效率和风险兼有，机遇和挑战并存，我们力求不偏不倚，基于公正

后　记

客观和实事求是的原则来观察和审视，以期能让我们的观点经得起检验。

本书在编写过程中，得到了中国财富管理50人论坛和清华大学五道口金融学院的大力支持，中信出版社的同事也非常专业，帮我们做各种修正和润色，在此感谢这些专业单位的鼎力支持；更要感谢课题组的各位专家成员，他们的专业水准和负责任精神，使本书有了得以成书出版的坚实保障，尤其是丁安华、陈道富与张旭阳三位专家，他们对于本书的写作成稿做出了重要贡献；我们在做课题研究的过程中，还得到了其他很多未具名的金融机构和互联网平台的支持，它们的积极参与及提供的各类资料，让我们的研究达到了一个新的深度；还要感谢参加评审会的各位专家，他们以非常务实的态度提出了很多真知灼见，帮助我们深入完善了报告；最后要特别感谢全国政协外事委员会楼继伟主任、经济委员会尚福林主任和肖钢委员三位专家，他们具备多年的监管经验，对本书提出的建议兼具专业性和广阔格局，让我们的研究也得以升华。

《平台金融新时代》一书出版后，此项研究似乎也可以暂告一段落，但我们深感人类社会数字化转型的浪潮才刚刚开始。社会属性是人的本质属性，人的社会属性要通过各类社会活动才能得以体现。过去这些社会活动全部在线下物理世界进行，但通过近两年来的观察可以发现，我们的社会属性越来越多地通过数字世界来体现。2020年的新冠疫情是个重要的分水岭，以前只在科幻电影里出现的情景也逐渐在现实生活中发生。一旦打开手机或戴上VR（虚拟现实）眼镜，我们就从线下物理世界进入数字世界，现实世界中的一位普通成员，可以在数字世界里传经布道、指点江山。我们具有双重身份，数字世界是线下物理世界的映射，其行为特征可能更能反映人的内在价值观和态度。人的需求多种多样，衣食住行等物质需求必须在线下物理世界得到满足，而喜怒哀乐等情感和文化、艺术、社交等精神体验均可以在数字世界得到满足。由此看来，数字世界的前景不可限量，其产值超过线下物理世界也不是没有可能。数字世界不同于线下物理世界，有其自身的运行规律和伦理规则，我们需要抓紧时间继续深入研究。

数字化浪潮浩浩荡荡。我们应当以前瞻和战略的眼光来看待和设计，以实事求是的精神来研究和分析，抓住机遇应对挑战，引领人类数字化浪潮，建设数字化强国！

2021 年 9 月 28 日

课题组

牵头人

吴晓灵	中国财富管理50人论坛（CWM50）学术总顾问 清华大学五道口金融学院理事长	

专　家

丁安华	招商银行首席经济学家
陈道富	国务院发展研究中心金融研究所副所长、CWM50学术成员
张旭阳	光大理财董事长、CWM50专业成员
杜　艳	深圳未来金融监管科技研究院院长
崔晓波	北京腾云天下科技有限公司董事长
张建棣	清华大学五道口金融学院研究员
李关政	招商银行研究院战略规划所所长
曹胜熙	国务院发展研究中心金融研究所助理研究员
王艳艳	国务院发展研究中心金融研究所西部之光访问学者
张　轶	光大理财CTO
梁海平	腾云金融科技研究院院长
贺裴菲	清华大学五道口金融学院研究员
张跃星	清华大学五道口金融学院研究员
单　福	CWM50高级研究总监

秘书处

负责人	刘喜元	CWM50秘书长
执行负责人	单　福	CWM50高级研究总监
	时　昕	CWM50秘书长助理
学术秘书	贾　辉	CWM50副秘书长
	宋　爽	CWM50研究员
	曾丽仪	清华大学交叉信息研究院博士生